Minna no Nihongo

みんなの日本語

중급 I

中級 I 翻訳・文法解説 韓国語版
번역・문법해설

スリーエーネットワーク

© 2009 by 3A Corporation

All rights reserved. No part of this publication may be reproduced, stored in a retrieval system, or transmitted in any form or by any means, electronic, mechanical, photocopying, recording, or otherwise, without the prior written permission of the Publisher.

Published by 3A Corporation.
Trusty Kojimachi Bldg., 2F, 4, Kojimachi 3-Chome, Chiyoda-ku, Tokyo 102-0083, Japan

ISBN 978-4-88319-499-5 C0081

First published 2009
Printed in Japan

머리말

『みんなの日本語中級Ⅰ』은 『みんなの日本語初級Ⅰ·Ⅱ』에 이은 종합적 일본어 교재로서 기획, 편집되었습니다. 『みんなの日本語初級』(초판 1998)은 일본어를 처음 접하는 일반 성인을 대상으로 단기간에 초급 일본어 능력을 익힐 수 있도록 개발된 교재이지만, 당초 학습 대상으로 생각했던 일반인 이외에 진학을 목적으로 하는 취학생과 일본에 온 유학생을 위한 초급 일본어 교재로서도 사용되며, 일본 국내 뿐만 아니라 해외에서도 사용되고 있습니다.

한편, 일본의 저출산화와 국제교류의 활성화에 따라 일본에 머물거나 취업을 목적으로 하는 외국인도 계속 늘고 있어 이러한 사람들도 배우기 쉬운 교과서로서 『みんなの日本語』가 폭넓게 사용되고 있습니다.

이러한 학습자의 다양화와 교과서에 대한 요구가 늘어가는 상황에서, 각 분야로부터 『みんなの日本語初級Ⅰ·Ⅱ』에 이은 중급 교재를 바라는 요청을 받았습니다. 이 책은 그 요청에 부응할 수 있도록 집필되어, 시험적 채용, 검토를 거듭하여 편집했으며 이렇게 여러분께 내놓게 되었습니다.

초급 일본어는 일본어에 의한 커뮤니케이션을 필요로 하는 사람들이 자신의 의사를 상대방에게 전할 수 있거나, 또는 상대방이 말한 것을 이해할 수 있어야 하지만, 중급 단계는 그와 더불어 일본의 문화와 관습 등을 이해하기 위해 필요한 내용도 요구되는 레벨이라고 생각합니다. 이 책은 그러한 학습자에게도 충분히 도움이 될 수 있는 내용으로 준비했습니다.

마지막으로, 이 책을 편찬하는데 있어서 각 분야로부터 많은 의견과 실제 수업에서의 시험적 채용 등 많은 협조를 해주신 모든 분들께 이 자리를 빌어 깊은 감사를 드립니다. 당사는 앞으로도 다문화 공생사회에서 필요한 교재의 개발, 출판 등을 통해 사람과 사람의 네트워크를 전세계로 펼쳐나가고자 합니다. 아무쪼록 한층 더 많은 성원과 지도 편달을 부탁 드립니다.

2008년 10월
주식회사 쓰리에이 네트워크
회장 다카이 미치히로

일러두기

Ⅰ. 교재의 구성

『みんなの日本語中級Ⅰ』은 「교재 본권 (CD 첨부)」과 「번역·문법해설 (각국어판)」로 구성되어 있다. 「번역·문법해설 (각국어판)」은 영어판, 한국어판에 이어, 다른 언어도 차례로 출판할 예정이다.

이 교재는 중급 전반기(초급에서 중급으로의 중간 역할)에 필요한 「말하기·듣기」, 「읽기·쓰기」의 종합적인 언어 능력과 함께 스스로 공부할 수 있는 힘을 기르는 것을 목적으로 하고 있다.

『みんなの日本語中級』은 본 교재 『中級Ⅰ』과 이어서 나올 『中級Ⅱ』의 두 권으로 일본어 학습의 중급 단계를 습득할 수 있도록 되어 있다.

Ⅱ. 교재의 내용 및 사용법

1. 「교재 본권 (CD 첨부)」

(1) 본과

『みんなの日本語中級Ⅰ』(전 12 과)은 『みんなの日本語初級Ⅰ·Ⅱ』(전 50 과)에 이은 것으로, 내용은 아래와 같다.

1) 문법·연습

각 과의 문법항목을 「문형」으로 제시하며 문법용어를 사용하지 않는다.
접속부분이 「문장」에 해당하는 경우에는 「…」로 표시한다.
　　예 : 「…ということだ」 (제 2 과)
접속부분이 명사 등의 「어구」에 해당하는 경우에는 「～」로 표시한다.
　　예 : 「～を～と言う」 (제 1 과)
단, 접속부분이 「문장」이더라도 그 끝의 형태가 「て형」「た형」「사전형」「たら형」「ている형」「ば형」 등, 특정한 형태를 요구하는 경우에는 「～」로 표시한다.
　　예 : 「～たら、～た」 (제 2 과)
문법항목 (문형) 이 실제로 어떻게 사용되고 있는지를 예문과 대화의 형태로 표시하며 「연습」을 통해 운용능력을 키운다. 또한 장면이나 상황을 필요로 하는 것에는 일러스트를 넣어 이해를 돕는다. 문형연습을 바탕으로 발표를 촉진시키며 화제를 전개시키는 연습으로 회화 및 독해의 실전력을 강화한다.

2) 말하기·듣기

　　교섭 회화 중심으로 일상생활 속의 커뮤니케이션 장면을 선정하여 모델 대화를 구성했다. 학습자의 흥미와 학습의욕을 불러일으키는 연습의 단계를 밟아 암기에 의지하지 않고 최종적으로 목표로 하는 회화가 가능하게 된다. 『みんなの日本語初級Ⅰ・Ⅱ』에서 활약한 등장인물들이 각각의 장면에서 회화를 전개한다.

1. やってみましょう (해 봅시다)

　　목표회화의 도입부로, 질문에 따라 주어진 장면과 상황의 회화를 만들어 본다.

2. 聞いてみましょう (들어 봅시다)

　　CD「대화」에서, 각 과의「듣기 포인트」와 표현을 주의 깊게 듣는다.

3. もう一度聞きましょう (한 번 더 들어 봅시다)

　　CD를 들으면서 괄호를 채우고「대화」를 완성한다 (듣는 방법은 학습자의 적정한 이해도에 따라 수행한다).

4. 言ってみましょう (말해 봅시다)

　　「대화」의 발음과 억양에 주의하며 CD에 따라 말해본다.

5. 練習をしましょう (연습합시다)

　　「대화」에 사용된 표현과 어구를 연습한다.

6. 会話をしましょう (대화를 해 봅시다)

　　일러스트를 보며「대화」를 연습하고 CD를 재생한다.

7. チャレンジしましょう (도전해 봅시다)

　　주어진 상황과 인간관계를 파악하고 해당 과의 목표인 교섭 회화를 한다.

3) 읽기·쓰기

　　「読みましょう」(읽어 봅시다)에는 학습자가 흥미를 가지고 즐기며 읽을 수 있도록 12개의「읽기 자료」를 준비했다.

1. 考えてみましょう (생각해 봅시다)

　　읽기 전 준비로서「읽기 자료」의 주제에 관한 지식을 활성화 시킨다.

2. ことばをチェックしましょう (단어를 체크합시다)

　　「읽기 자료」를 이해하는 데 필요한 키워드를 제시 (신출어 포함). 의미를 모르는 단어는 사전을 찾아서 확인한다.

3. 読みましょう (읽어 봅시다)

각 과의 「읽기 자료」에는 「読むときのポイント」(읽을 때의 포인트)를 두어, 내용을 이해하기 위해 필요한, 읽는 방법 전략과 기술을 과제로 제시했다. 정확하고 신속한 줄거리 파악이 가능하게 하는 것을 목표로 한다.

「읽기」라는 활동에는 「묵독」과 「낭독」의 두 가지 방법이 있지만, 여기에서는 후자도 중요하게 생각하여 CD 에서 구체적인 음성표현의 예시를 준비했다.

4. 答えましょう (대답해 봅시다)

「읽을 때의 포인트」의 과제가 정확하게 행해졌는지 확인한다. 필요에 따라 내용에 관한 상세한 질문도 준비되어 있다.

5. チャレンジしましょう (도전해 봅시다)

「읽기 자료」의 내용에 관해 학습자 주위에서 일어난 일이나 체험 등을 표현 (말하기·쓰기) 할 수 있는 것을 목표로 한다.

4) 문제

「문제」에는 듣고 이해하기 (🔊 CD 마크 부분), 문법, 어휘의 문제가 있다. 듣고 이해하기에는 CD 를 듣고 짧은 질문에 대답하는 문제와, 주고 받는 짧은 회화를 듣고 요점을 파악하는 문제가 있다. 양쪽 모두 그 과에서 배운 학습항목을 응용하여, 듣기 실력을 강화시킬 수 있도록 했다. 문법 문제에서는 각 과의 신출 문형을 확인하며, 어휘 문제에서는 특히 기능어의 정착과 활용을 꾀한다.

(2) 학습항목

1) 「말하기·듣기」

① 「대화」의 제목

② 목표 (전략)

③ 「말하기·듣기」에 나온 문법항목 (문형) (42 개 항목)

④ ＊: 보충설명 (일러두기 「2. 번역·문법해설」 항 참조) (9 개 항목)

2) 「읽기·쓰기」

① 「읽기 자료」의 제목

② 읽기의 힌트 (전략)

③ 「읽기·쓰기」에 나온 문법항목 (문형) (53 개 항목)

④ ＊: 보충설명 (일러두기 「2. 번역·문법해설」 항 참조) (8 개 항목)

(3) 표기와 첨자
   1) 한자는 원칙적으로「常用漢字表(상용한자표)」와「부록」에 준한다.
      ①「熟字訓」(2자 이상의 한자를 조합시켜 특수하게 읽는 것) 가운데서,「상용한자표」의「부록」에 표시된 것은 한자로 사용했다.
         예: 友達   친구
             眼鏡   안경
             二十歳 20세
             風邪   감기
      ② 국명, 지명 등의 고유명사, 또는 예능, 문화, 가족 호칭 등에는「상용한자표」에 없는 한자와 음, 뜻도 사용했다.
         예: 厳島神社   이쓰쿠시마 신사
             夏目漱石   나츠메 소세키
             姪   조카 (여자)
   2)「상용한자표」및「부록」에 있는 한자도 학습자의 편의를 위해 히라가나로 쓴 것도 있다.
         예: ある (有る、在る)   있다
             いまさら (今更)   이제 와서
             さまざま (様々)   여러 가지
   3) 숫자는 원칙적으로 아라비아 숫자를 사용한다.
         예: 9時   9시
             10月2日   10월 2일
             90歳   90세
      단, 다음과 같은 경우에는 한자를 사용한다.
         예: 一人で   혼자서
             一戸建て 단독 주택
             一日中   하루 종일
   4)『みんなの日本語中級Ⅰ』의 교재 본권에서는 한자에 모두 첨자를 붙이는 것을 기본으로 한다.
(4) 색인
   1) 신출어휘 (약 910단어)
   2) 회화표현 (약 50개)
   3) 한자 (「읽기 자료」전 12과에 나온 상용한자 중에서 초급에 해당하는 한자를 제외한 315자)

(5) 해답
  1) 해답
    ① 「문법・연습」「말하기・듣기」「읽기・쓰기」
    ② 「문제」(듣고 이해하기 문제의 대본도 포함)
       (문제에 따라서는 학습자의 배경에 따라 다양한 해답이 존재한다. 여기서는 한 개의 해답을 제시한다.)
  2) 「말하기・듣기」 대화 대본
  3) CD의 내용
(6) CD
   CD에는, ① 「말하기・듣기」의 「대화」, ② 「읽기・쓰기」의 「읽기 자료」, ③ 「문제」의 「듣고 이해하기」 부분이 수록되어 있다. 억양과 악센트에 주의하여 한 단어 한 단어의 발음을 공부하는 것뿐 아니라, 「대화」와 연습에서는 자연스러운 속도의 일본어에 익숙해짐으로써 회화의 흐름 속에서 요점을 파악하며 문제에 대처하는 능력을 키운다.
   그리고 「읽기・쓰기」의 본문을 들을 때에는 문장의 장르에 따라 달라지는 일본어 음성에 의한 표현의 풍부함을 맛볼 수 있다. 문장 속에서 어느 부분이 어떻게 읽히고 있는지, 거기에는 어떠한 리듬과 높낮이의 변화가 따르는가에 관해 주목한다. CD로 확인함으로써 학습자가 자신의 생각을 정리하여 말하고 쓸 때에 필요한 종합적인 운용 능력의 기본을 기른다.

2. 「번역・문법해설 (각국어판)」(분책, 별매)
제1과에서 제12과까지, 아래와 같이 구성된다.
(1) 신출어휘와 그 해석
   신출어휘, 회화표현, 고유명사는 각 과 별로 나온 순서에 따라 게재한다.
(2) 문법해설
  1) 문법항목
     각 과의 문법항목(문형)은 중급단계의 학습자에게 필요한 문법의 강의 요강을 기초로 만들어졌다.
  2) 문법해설 [각국어]
     문법해설은 학습자에게 필요한 최소한의 양으로 한정하며, 예문을 통해 그 의미와 기능을 보다 명확하게 하여 언제 어디에서 사용할 수 있는지를 제시했다.

3) 접속과 기호

「교재 본권」에서는 문법항목을 문형으로 제시하며, 문법용어를 사용하지 않고 예문을 제시했다. 또한 접속의 형태를 알 수 있도록 배려했다.

「문법해설(각국어판)」에서는 학습자가 스스로 접속의 형태를 확인할 수 있도록, 모든 접속의 형태를 제시했다. 그리고 필요에 따라 문법용어를 사용했다.

4) 참조・보충설명

제2언어라고 하는 것은 초급에서부터 차근차근 쌓아 올리는 것임과 동시에 나선형으로(새로운 일본어 문법을 배울 때에도 이미 배운 내용을 토대로 반복함으로써) 습득되는 것이기도 하다. 『みんなの日本語初級』에서 배웠던 항목이나 관련 사항을「참조」로 제시했다. 그리고 교재 본권의「문법・연습」에서는 채택하지 않았으나 지식에 참고가 되는 항목에는 보충설명(＊:책 뒷부분의「학습항목」에 제시)을 더했다.

학습자 여러분께

학습자 여러분이 『みんなの日本語中級Ⅰ 교재 본권 (CD 첨부)』과, 별매의 『みんなの日本語中級Ⅰ 번역・문법해설 (각국어판)』을 효과적으로 학습할 수 있도록 그 포인트를 설명하겠습니다.

Ⅰ. 『みんなの日本語中級Ⅰ 교재 본권 (CD 첨부)』

1. 문법・연습

「문법항목」은 우선 그 문형과 표현이 언제, 어떠한 장면이나 상황에서 사용될 수 있는지, 예문을 보고 확인하세요. 그리고 초급 문형이나 표현으로 비슷하게 표현이 가능한가를 비교해 보기 바랍니다. 다음으로 접속을 확인하고 연습하여 실제로「말하기・듣기」,「읽기・쓰기」의 장면에서 활용하세요.

2. 말하기・듣기 (대화)

우선,「やってみましょう」(해 봅시다)에서는 자신이 알고 있는 일본어로 회화를 만드세요. 그 다음으로「聞いてみましょう」(들어 봅시다)에서 표현어구에도 주의하며 CD를 듣기 바랍니다.「もう一度聞きましょう」(한 번 더 들어 봅시다)에서는 CD를 한 번 더 들으면서, 밑줄에 단어와 표현을 기입해 주세요. 그리고「言ってみましょう」(말해 봅시다)에서 발음과 억양에 주의해서 CD와 함께 소리를 내어 읽으세요. 그 다음에「練習をしましょう」(연습합시다)에서 대화에서 쓰이고 있는 표현을 연습합니다. 마지막으로「会話をしましょう」(대화를 해 봅시다)에서 그림을 보며 대화를 합시다.

이러한 방법으로 연습하면 무리하게 기억하려 하지 않고도 자연스럽게 대화를 할 수 있게 되며, 더 발전적인「チャレンジしましょう」(도전해 봅시다)도 무리 없이 가능할 것입니다.

그리고 대화의 대본은 책 뒷부분의「해답」에 있습니다.

3. 읽기・쓰기 (읽기 자료)

본문(문장)을 읽기 전에 우선 준비를 하세요.「考えてみましょう」(생각해 봅시다)에서 본문과 관계있는 주제에 관해 생각한다든지, 클래스의 사람들이나 선생님과 이야기해 봅시다. 다음으로「ことばをチェックしましょう」(단어를 체크합시다)에서 본문에서 쓰이고 있는 단어를 체크합니다. 모르는 단어가 있을 경우에는 『みんなの日本語中級Ⅰ 번역・문법해설 (각국어판)』의 신출어휘나 사전을 사용하여 확인하시기 바랍니다.

　다음으로「読みましょう」(읽어 봅시다)에서 본문을 읽어 봅시다.「読むときのポイント」(읽을 때의 포인트)에는 본문 내용을 이해하는 데에 필요한 것이 쓰여져 있으므로 그 지시에 따라 읽어 주세요.

　마지막으로「答えましょう」(대답해 봅시다)에서 자신이 얼마만큼 본문의 내용을 이해했는가를 확인하시기 바랍니다.「チャレンジしましょう」(도전해 봅시다)에서는 본문과 관계 있는 주제를 가지고 자신의 지식과 경험한 것을 발표하거나 작문을 해서 독해 (활동)를 정리하시기 바랍니다.

　그리고 책 뒷부분의「한자색인」에는 본문에서 사용된 상용한자 (초급 한자 제외) 315자가 나온 순서로 게재되어 있으므로 읽는 방법, 쓰는 방법, 의미, 문자의 사용 방법도 한자 학습에 참고하시기 바랍니다.

4. 문제 (복습)

　해당 과의 문법항목이나 신출어휘의 의미, 용법을 제대로 이해했는지 다양한 문제를 풀어가며 확인하세요.「해답」은 책 뒷부분에 있습니다.

5. CD (🔊 : CD 마크)

　「CD」에는, ①「말하기·듣기」의「대화」, ②「읽기·쓰기」의「읽기 자료」, ③「문제」의「듣고 이해하기」부분이 수록되어 있습니다.

🔊 「대화」는 과가 진행됨에 따라 말하는 속도가 조금씩 빨라집니다. 자연스러운 속도의 일본어에 익숙해지며 회화의 포인트를 듣고 이해할 수 있는 연습을 합시다.

🔊 「읽기 자료」는 문장의 어느 부분이 어떻게 읽히는지, 리듬과 높낮이 등에 주의하며 들어보세요.

🔊 「문제」는 해당 과에서 배운 것을 응용한 것입니다. 듣기 실력을 시험해 봅시다.

Ⅱ.『みんなの日本語 中級 Ⅰ 번역·문법해설 (각국어판)』(별매)

　『번역·문법해설』은「신출어휘」와「문법해설」로 구성되어 있습니다.

1. 신출어휘

　신출어휘, 회화표현, 고유명사는 각 과에 나온 순서로 게재되어 있습니다. 신출어휘와 회화표현의 약 1,000 단어는 본문에서 사용 방법을 확인하며, 초급에서 배운 약 2,000 단어와 함께 연습하여 운용력, 응용력을 기릅시다.

2. 문법해설

각 과의 「말하기・듣기」(대화), 「읽기・쓰기」(읽기 자료)에 나온 약 100 가지의 문법항목(문형)에 관한 문법적 설명이 있습니다. 각각의 문법항목의 의미・기능을 배우며 실제 대화 장면, 상황, 혹은 읽을거리의 문맥을 통해 이해의 폭을 넓히고 운용력을 몸에 익힙시다.

본 교재 『みんなの日本語中級Ⅰ』은 학습자가 초급에서 중급으로 순조롭게 학습을 계속하여 '언어의 4 가지 기능(말하기・듣기・읽기・쓰기)'을 균형 있고 즐겁게 공부할 수 있도록 편집했습니다. 학습자 여러분의 중급 전반기의 일본어 학습에 도움이 되어 다음 스텝 (중급 후반기에서 상급)으로의 출발점이 되길 바랍니다.

학습용어

용어	뜻	課	용어	뜻	課
依頼（いらい）	의뢰	7	否定の意志（ひていのいし）	부정의 의지	6
引用（いんよう）	인용	6	比喩（ひゆ）	비유	1
確認（かくにん）	확인	5	文脈指示（ぶんみゃくしじ）	문맥지시	5
過去の意志（かこのいし）	과거의 의지	6	変化（へんか）	변화	11
勧誘（かんゆう）	권유	10	理由（りゆう）	이유	1
義務（ぎむ）	의무	6	例示（れいじ）	예시	1
経験（けいけん）	경험	11			
継続（けいぞく）	계속	11	移動動詞（いどうどうし）	이동동사	5
経歴（けいれき）	경력	11	感情動詞（かんじょうどうし）	감정동사	7
結果（けっか）	결과	1	状態動詞（じょうたいどうし）	상태동사	9
結果の状態（けっかのじょうたい）	결과의 상태	11	複合動詞（ふくごうどうし）	복합동사	10
原因（げんいん）	원인	8	疑問詞（ぎもんし）	의문사	5
限定（げんてい）	한정	6	固有名詞（こゆうめいし）	고유명사	1
根拠（こんきょ）	근거	1	格助詞（かくじょし）	격조사	4
指示（しじ）	지시	7	終助詞（しゅうじょし）	종조사	7
事態の出現（じたいのしゅつげん）	사건의 출현	6	助数詞（じょすうし）	조수사	1
習慣（しゅうかん）	습관	11			
手段（しゅだん）	수단	11	受身（うけみ）	수동	7
状況からの判断（じょうきょうからのはんだん）	상황에서의 판단	1	間接受身（かんせつうけみ）	간접 수동	12
			使役受身（しえきうけみ）	사역 수동	4
条件（じょうけん）	조건	9	意向形（いこうけい）	의향형	5
推量（すいりょう）	추측	5	中止形（ちゅうしけい）	중지형	4
提案（ていあん）	제안	11			
丁寧な依頼表現（ていねいないらいひょうげん）	정중한 의뢰 표현	1	である体（であるたい）	である체	4
			丁寧形（ていねいけい）	정중형	4
伝聞（でんぶん）	전문	4	普通形（ふつうけい）	보통형	1
動作の列挙（どうさのれっきょ）	동작의 열거	12			
判断（はんだん）	판단	1	会話（かいわ）	회화	5
比較（ひかく）	비교	9	文章（ぶんしょう）	문장	5

		課
仮定(かてい)	가정	2
使役(しえき)	사역	4
感情使役(かんじょうしえき)	감정 사역	7
完了(かんりょう)	완료	2
逆接(ぎゃくせつ)	역접	1
反事実的用法(はんじじつてきようほう)	반대 사실의 가정	9
付帯状況(ふたいじょうきょう)	수반된 상황	11
並列(へいれつ)	병렬	11
名詞修飾(めいししゅうしょく)	명사 수식	8
語幹(ごかん)	어간	12
主題(しゅだい)	주제	6
節(せつ)	절	5
尊敬語(そんけいご)	존경어	9
同格(どうかく)	동격	4

문법용어의 생략

N	명사(名詞)
A	형용사(形容詞)
いA	い형용사(い形容詞)
なA	な형용사(な形容詞)
V	동사(動詞)
V자	자동사(自動詞)
V타	타동사(他動詞)
Vます형	동사 ます형(動詞ます形)
V사전형	동사 사전형(動詞辞書形)
Vない형	동사 ない형(動詞ない形)
Vた형	동사 た형(動詞た形)
Vて형	동사 て형(動詞て形)

등장인물

マイク・ミラー／마이크 밀러
미국, IMC 의 사원

松本　正／마쓰모토 다다시
일본, IMC(오사카)의 부장

佐藤　けい子／사토 게이코
일본, IMC(오사카)의 사원

中村　秋子／나카무라 아키코
일본, IMC 의 영업과장

山田　一郎／야마다 이치로
일본, IMC(오사카)의 사원

山田　友子／야마다 도모코
일본, 은행원

ジョン・ワット／존 왓트
영국, 사쿠라 대학의 강사

太郎／다로
일본, 초등학생, 8 살
야마다 이치로와 도모코의 아들

タワポン／다와폰
태국, 사쿠라 대학의 학생

森／모리
일본, 사쿠라 대학의 교수

イー・ジンジュ／이진주
한국, AKC 의 연구자

広田／히로타
일본, 사쿠라 대학의 학생

佐野／사노
일본, 주부

野村／노무라
일본, 주부

ホセ・サントス／호세 산토스
브라질, 브라질 에어의 사원

マリア・サントス／마리아 산토스
브라질, 주부

カリナ／카리나
인도네시아, 후지 대학의 학생

テレサ／테레사
브라질, 초등학생, 9살
호세 산토스와 마리아의 딸

池田／이케다
일본, 브라질 에어의 사원

カール・シュミット／칼 슈미트
독일, 파워 전기의 기술자

クララ・シュミット／클라라 슈미트
독일, 독일어 교사

ワン・シュエ／왕 슈에
중국, 고베 병원의 의사

ハンス／한스
독일, 초등학생, 12살
칼과 클라라 슈미트의 아들

リンリン／링링
중국, 왕 슈에의 조카딸

渡辺 あけみ／와타나베 아케미
일본, 파워 전기의 사원

* IMC (컴퓨터 소프트웨어 회사)
* AKC (アジア研究センター: 아시아 연구 센터)

차 례

머리말

일러두기

학습자 여러분께

학습용어

문법용어의 생략

등장인물

제 1 부 신출어휘

제 1 과 ··· 2

제 2 과 ··· 6

제 3 과 ··· 9

제 4 과 ··· 12

제 5 과 ··· 16

제 6 과 ··· 19

제 7 과 ··· 23

제 8 과 ··· 26

제 9 과 ··· 29

제 10 과 ··· 33

제 11 과 ··· 37

제 12 과 ··· 42

제2부 문법해설

제1과 ··· 46

1. ～てもらえませんか・～ていただけませんか
   ～てもらえないでしょうか・～ていただけないでしょうか
2. ～のようだ・～のような～・～のように…
3. ～ことは／が／を
4. ～を～と言う
5. ～という～
6. いつ／どこ／何／だれ／どんなに～ても

話す・聞く
  ～じゃなくて、～

読む・書く
  …のだ・…のではない
  何人も、何回も、何枚も…

第2課 ··· 51

1. (1)(2) ～たら、～た
2. ～というのは～のことだ・～というのは…ということだ
3. …という～
4. …ように言う／注意する／伝える／頼む
5. ～みたいだ・～みたいな～・～みたいに…

話す・聞く
  ～ところ

第3課 ··· 54

1. ～(さ)せてもらえませんか・～(さ)せていただけませんか
   ～(さ)せてもらえないでしょうか・～(さ)せていただけないでしょうか
2. (1) …ことにする
   (2) …ことにしている
3. (1) …ことになる
   (2) …ことになっている
4. ～てほしい・～ないでほしい
5. (1) ～そうな～・～そうに…

(2) ～なさそう
　　(3) ～そうもない

話す・聞く
　　～たあと、…

제 4 과 ··· 59

1．…ということだ
2．…の・…の？
3．～ちゃう・～とく・～てる
4．～（さ）せられる・～される
5．～である
6．～ます、～ます、…・～くも、～くも、…
7．(1) ～（た）がる
　　(2) ～（た）がっている
8．…こと・…ということ

話す・聞く
　　～の～
　　～ましたら、…・～まして、…

제 5 과 ··· 65

1．(1) あ～・そ～
　　(2) そ～
2．…んじゃない？
3．～たところに／で
4．(1)(2) ～（よ）うとする／しない
5．…のだろうか
6．～との／での／からの／までの／への～
7．…だろう・…だろうと思う

話す・聞く
　　…から、～てください

読む・書く
　　が／の

제 6 과 71

1. (1) …て…・…って…
   (2) ～って…
2. (1) ～つもりはない
   (2) ～つもりだった
   (3) ～たつもり・～ているつもり
3. ～てばかりいる・～ばかり～ている
4. …とか…
5. ～てくる
6. ～てくる・～ていく

読む・書く
   こ～

제 7 과 76

1. (1) ～なくてはならない／いけない・～なくてもかまわない
   (2) ～なくちゃ／～なきゃ［いけない］
2. …だけだ・［ただ］…だけでいい
3. …かな
4. (1) ～なんか…
   (2) …なんて…
5. (1) ～（さ）せる
   (2) ～（さ）せられる・～される
6. …なら、…

読む・書く
   ～てくれ

제 8 과 82

1. (1) (2) ～あいだ、…・～あいだに、…
2. (1) (2) ～まで、…・～までに、…
3. ～た～
4. ～によって…
5. ～たまま、…・～のまま、…
6. …からだ

話す・聞く
　　髪／目／形 をしている

제 9 과 ·· 86

1. お～ますです
2. ～てもかまわない
3. …ほど～ない・…ほどではない
4. ～ほど～はない／いない
5. …ため［に］、…・…ためだ
6. ～たら／～ば、…た

제 10 과 ·· 90

1. (1) …はずだ
   (2) …はずが／はない
   (3) …はずだった
2. …ことが／もある
3. ～た結果、…・～の結果、…
4. (1) ～出す
   (2) ～始める・～終わる・～続ける
   (3) ～忘れる・～合う・～換える

読む・書く
　　…ということになる

제 11 과 ·· 95

1. ～てくる・～ていく
2. ～たら［どう］？
3. …より…ほうが…
4. ～らしい
5. …らしい
6. ～として
7. (1) ～ず［に］…
   (2) ～ず、…
8. ～ている

話す・聞く

~なんかどう？

제 12 과 ··· 101

1. …もの／もんだから
2. (1) ～（ら）れる
   (2) ～（ら）れる
3. ～たり～たり
4. ～っぱなし
5. (1) …おかげで、…・…おかげだ
   (2) …せいで、…・…せいだ

話す・聞く

…みたいです

読む・書く

どちらかと言えば、～ほうだ

～ます／ませんように

학습항목 ··· 108

제1부
신출어휘

제1과

どのように		어떻게, 어떤 식으로
迷う［道に～］	まよう［みちに～］	헤매다［길을～］, 잃다
先輩	せんぱい	선배
まるで		마치
明るい 　［性格が～］	あかるい 　［せいかくが～］	밝다［성격이～］
父親	ちちおや	아버지（＊母親：어머니）
湖	みずうみ	호수
目指す	めざす	목표로 하다, 지향하다
命	いのち	생명
おせち料理	おせちりょうり	설날 요리
初詣で	はつもうで	새해 첫 참배
畳	たたみ	다다미
座布団	ざぶとん	방석
床	ゆか	마루
正座	せいざ	정좌
おじぎ		절（인사）
作家	さっか	작가
～中［留守～］	～ちゅう［るす～］	～중［부재～］
いっぱい		많다
どんなに		아무리
立派［な］	りっぱ［な］	훌륭하다
欠点	けってん	결점
～過ぎ	～すぎ	～가 지난 시간
似合う	にあう	어울리다

それで		그래서
お礼	おれい	감사, 인사
ポイント		포인트(point)
内容	ないよう	내용
聞き取る	ききとる	듣고 이해하다
表現	ひょうげん	표현
迷う［AかBか～］	まよう	망설이다［A일지 B일지～］
部分	ぶぶん	부분
市民	しみん	시민
会館	かいかん	회관
市民会館	しみんかいかん	시민회관
伝統的［な］	でんとうてき［な］	전통적
実際に	じっさいに	실제로
そういう		그런, 그러한
ふだん		평소
何とか	なんとか	어떻게든
イントネーション		억양, 인터네이션
奨学金	しょうがくきん	장학금
推薦状	すいせんじょう	추천장
交流	こうりゅう	교류 (＊交流パーティー: 교류 파티)
司会	しかい	사회 (행사를 진행하는)
目上	めうえ	손위
断る	ことわる	거절하다
引き受ける	ひきうける	받아들이다, 맡다
印象	いんしょう	인상
チェックする		체크하다
［お］住まい	［お］すまい	집, 사는 곳
たたむ		개다, 접다
重ねる	かさねる	겹치다, 포개다
板張り	いたばり	판자를 댐, 또는 댄 곳
素足	すあし	맨발(양말을 신지 않은 발)

使い分ける	つかいわける	구분하여 사용하다
良さ	よさ	장점
読み取る	よみとる	읽고 이해하다, 간파하다
旅行者	りょこうしゃ	여행자
～者	～しゃ	～자 (～하는 사람)
最も	もっとも	가장
非常に	ひじょうに	대단히, 매우
それほど		그정도, 그만큼
代表する	だいひょうする	대표하다
全体	ぜんたい	전체
敷く	しく	깔다 (다다미 / 이불 / 방석을～)
ちょうど		꼭, 정확히
何枚も	なんまいも	몇 장이나
つける [名前を～]	[なまえを～]	붙이다, 짓다 [이름을～]
やまとことば		순 일본어
動かす	うごかす	옮기다, 움직이다
組み合わせる	くみあわせる	짜 맞추다, 조합하다
客間	きゃくま	객실, 응접실
居間	いま	거실
仕事部屋	しごとべや	집무실
ワラ		짚
イグサ		등심초 (약초의 일종)
呼吸する	こきゅうする	호흡하다
湿気	しっけ	습기
取る [湿気を～]	とる [しっけを～]	빨아들이다 [습기를～]
快適 [な]	かいてき [な]	쾌적하다
清潔 [な]	せいけつ [な]	청결하다
本文	ほんぶん	본문
一戸建て	いっこだて	단독주택
小学生	しょうがくせい	초등학생

日常生活　　　　　にちじょうせいかつ　　　일상생활

あのう、～ていただけないでしょうか。　　저, ～해 주실 수 없을까요?
　　　　　'저,'를 사용하여 주저함을 나타내며 부탁하기 힘든 일을 부탁한다.
何とかお願いできないでしょうか。　　어떻게든 부탁드릴 수 없을까요?
　　　　　무리라는 것은 알지만, 어떻게든 부탁을 들어줬으면 하는 마음을 나타낸다.

うちでよければどうぞ。　　　　　　저희 집이라도 괜찮으시다면 그렇게 하세요.
お役に立ててよかったです。　　　　도움이 되어서 다행입니다.
お預かりします。　　　　　　　　　맡아 두겠습니다.

村上春樹　　　　　　무라카미 하루키 : 소설가, 번역가. 1949～.
『ノルウェイの森』　『노르웨이의 숲』: 무라카미 하루키의 대표작. (세계 각국에서 번역됨.)
南太平洋　　　　　　남태평양
トンガ王国　　　　　통가 왕국
バオバブ　　　　　　바오밥 나무 : 아프리카 원산의 나무.
マダガスカル　　　　마다가스카르 공화국
タタミゼ　　　　　　타타미제 (일본풍의 생활양식) : 프랑스에서 일본풍의 생활양식이나 문화를 섭목하여 생활하는 사람들을 가리킨다.

제 2 과

ふく[ガラスを～]		닦다 [유리를～]
結果	けっか	결과
外来語	がいらいご	외래어
守る [地球を～]	まもる[ちきゅうを～]	지키다 [지구를～]
ソフトウェア		소프트웨어
メール		메일
郵便	ゆうびん	우편
Eメール	イーメール	이메일
栄養	えいよう	영양
カロリー		칼로리
エコ		환경보호 (에콜로지)
環境	かんきょう	환경
アポ		약속 (만나는)
省エネ	しょうエネ	에너지 절약
学習する	がくしゅうする	학습하다
記事	きじ	기사
分ける[ごみを～]	わける	분리하다 [쓰레기를～]
うわさ		소문
辺り	あたり	주변
アドバイス		조언
事件	じけん	사건
奪う	うばう	빼앗다
干す	ほす	말리다
以外	いがい	이외
つく [うそを～]		붙다, [거짓을] 말하다
ロボット		로봇
本物	ほんもの	진짜
飛ぶ [空を～]	とぶ [そらを～]	날다 [하늘을～]

オレンジ		오렌지
パジャマ		파자마, 잠옷
四角い	しかくい	네모지다, 네모꼴이다
腕	うで	팔
つける［腕に～］	［うでに～］	붙이다［팔에～］
ふるさと		고향
話しかける	はなしかける	말을 걸다
不在連絡票	ふざいれんらくひょう	수취인 부재 통지서
～宅	～たく	～댁（～씨의 집）
工事	こうじ	공사
休日	きゅうじつ	휴일
断水	だんすい	단수
リモコン		리모콘
ロボコン		로봇 콘테스트
苦手［な］	にがて［な］	서투르다
紛らわしい	まぎらわしい	혼동하기 쉽다
正確［な］	せいかく［な］	정확하다
バランス		중심, 밸런스
引く［線を～］	ひく［せんを～］	긋다［선을～］
筆者	ひっしゃ	필자
いまだに		아직까지도
とんでもない		당치도 않다
宇宙人	うちゅうじん	우주인
全く	まったく	전혀, 완전히
別の	べつの	다른, 별도의
～自身	～じしん	～자신
友人	ゆうじん	벗, 친구
また		또, 또한
ライス		밥
アドレス		주소
メールアドレス		메일 주소
プレゼン		프레젠테이션

アイデンティティ		아이덴티티 (identity), 주체성
コンプライアンス		컴플라이언스 (compliance), 준수
例えば	たとえば	예를 들어
ポリシー		정책, 줏대
場合	ばあい	경우
%	パーセント	퍼센트
普通に	ふつうに	보통, 일반적으로
いまさら		이제 와서
必要	ひつよう	필요
なくてはならない		없으면 안 된다, 꼭 필요한
取る [バランスを〜]	とる	잡다 [중심을〜]
文章	ぶんしょう	문장
比べる	くらべる	비교하다

お忙しいところ、……。	바쁘신 와중에….
	상대방의 상황에 신경을 쓰면서 말을 건다.
それで……。	그래서….
	상대의 말을 받아 조금 더 상대의 다음 말을 재촉한다.
僕自身もそうだけど、……。	나 자신도 그렇지만….
何が何だかわからない。	뭐가 뭔지 모르겠다.

제 3 과

インタビューする		인터뷰하다
担当する	たんとうする	담당하다
アルバイト先	アルバイトさき	아르바이트 하는 곳
～先	～さき	～하는 곳 (아르바이트～)
店長	てんちょう	점장
研修	けんしゅう	연수
話し合う	はなしあう	대화를 나누다
通勤する	つうきんする	통근하다
これまで		이제까지
減らす	へらす	줄이다
引っ越す	ひっこす	이사하다
～か国	～かこく	～개국
家庭	かてい	가정
事情	じじょう	사정
幼稚園	ようちえん	유치원
昼寝する	ひるねする	낮잠 자다
帰国する	きこくする	귀국하다
来社	らいしゃ	내사, 회사에 찾아옴
新製品	しんせいひん	신제품
新～	しん～	새～, 신～
発表会	はっぴょうかい	발표회
いつまでも		언제까지나
景気	けいき	경기
これ以上	これいじょう	이 이상
声 [市民の～]	こえ [しみんの～]	목소리 [시민의～]
森	もり	숲
受ける [インタビューを～]	うける	받다 [인터뷰를～]
要望	ようぼう	요망

本当は	ほんとうは	사실은
おとなしい		얌전하다, 점잖다, 어른스럽다
しゃべる		수다떨다, 이야기하다
振る［彼女を～］	ふる［かのじょを～］	차다［여자 친구를～］, 떨쳐내다
Tシャツ	ティーシャツ	티셔츠
数	かず	수
切る［電話を～］	きる［でんわを～］	끊다［전화를～］
秘書	ひしょ	비서
教授	きょうじゅ	교수
わざわざ		일부러
取る［時間を～］	とる［じかんを～］	내다［시간을～］
できれば		가능하다면, 될 수 있으면
変更する	へんこうする	변경하다
急用	きゅうよう	급한 용무
気にする	きにする	신경 쓰다
取引先	とりひきさき	거래처
学生用	がくせいよう	학생용
～用［学生～］	～よう［がくせい～］	～용［학생～］
コンピューター室	コンピューターしつ	컴퓨터실
～室	～しつ	～실
渋滞	じゅうたい	정체, 막힘
瞬間	しゅんかん	순간
意識	いしき	의식
アンケート		앙케이트, 설문
調査	ちょうさ	조사
傾向	けいこう	경향
避ける	さける	피하다
悲観的［な］	ひかんてき［な］	비관적
グラフ		그래프
時	とき	때, 시간
最高に	さいこうに	최고로
もう一つ	もうひとつ	하나 더

あいだ		～하는 동안
前者	ぜんしゃ	전자
後者	こうしゃ	후자
やはり		역시
恋	こい	사랑
幸せ	しあわせ	행복
感じる	かんじる	느끼다
寝坊する	ねぼうする	늦잠자다
危険	きけん	위험
寝顔	ねがお	자는 얼굴

お電話、代わりました。	전화 바꿨습니다.
どうかしましたか。	무슨 일 있습니까?
わざわざ～ていただいたのに、……。	일부러～해 주셨는데, ….

> 상대의 친절을 허사로 만들어 죄송하다는 마음을 전한다.

困りましたね。	곤란하게 됐군요.
できれば、～ていただけないでしょうか。	가능하다면～해 주실 수 없으신가요?

> 조심스럽게 바람을 이야기한다.

おいでください。	와 주세요.
申し訳ありませんでした。	정말 송구스럽습니다.

東北 (とうほく)	도호쿠, 동북 : 일본의 동북지방. (아오모리현, 이와테현, 아키타현, 야마가타현, 미야기현, 후쿠시마현)

제 4 과

検査する	けんさする	검사하다
明日	あす	내일
能力	のうりょく	능력
バザー		바자회
マスク		마스크
スーツケース		여행가방
目が覚める	めがさめる	눈이 떠지다
朝礼	ちょうれい	아침조회, 조례
校歌	こうか	교가
敬語	けいご	존댓말
感想文	かんそうぶん	감상문
運動場	うんどうじょう	운동장
いたずら		장난
美しい	うつくしい	아름답다
世紀	せいき	세기
平和[な]	へいわ[な]	평화롭다
人々	ひとびと	사람들
願う	ねがう	기원하다
文	ぶん	글, 문장
書き換える	かきかえる	바꿔 쓰다
合わせる	あわせる	합치다
もともと		원래
若者	わかもの	젊은이
～湖	～こ	～호(호수)
深い	ふかい	깊다
さまざま[な]		다양하다
苦しい[生活が～]	くるしい[せいかつが～]	힘들다[생활이～]
性格	せいかく	성격
人気者	にんきもの	인기인

多く	おおく	다수
不安［な］	ふあん［な］	불안하다
出る［製品が～］	でる［せいひんが～］	나오다, 출시되다［제품이～］
雷	かみなり	천둥
うち		우리（＊うちの子ども：우리 아이）
残念［な］	ざんねん［な］	유감스럽다
認める	みとめる	인정하다
現実	げんじつ	현실
愛する	あいする	사랑하다
首都	しゅと	수도
伝言	でんごん	전언
留守番電話	るすばんでんわ	자동응답기
メッセージ		메시지
受ける［伝言を～］	うける［でんごんを～］	받다［전언을～］
入れる［メッセージを～］	いれる	넣다, 남기다［메시지를～］
差し上げる［電話を～］	さしあげる［でんわを～］	드리다［전화를～］
そのように		그렇게（＊このように：이렇게）
出る［電話に～］	でる［でんわに～］	받다［전화를～］
急［な］	きゅう［な］	갑작스럽다, 급하다
入る［仕事が～］	はいる［しごとが～］	들어오다［일거리가～］
取り消す	とりけす	취소하다
来客中	らいきゃくちゅう	손님 접대중
食パン	しょくパン	식빵
売り切れ	うりきれ	매진
バーゲンセール		바겐세일
案内状	あんないじょう	안내장
～状［招待～］	～じょう［しょうたい～］	～장［초대～］
遠い［電話が～］	とおい［でんわが～］	잘 들리지 않다［전화가～］
～嫌い	～ぎらい	～를 싫어하는 사람（전화～）

4

時代	じだい	시대
順に	じゅんに	순서대로
失礼［な］	しつれい［な］	실례되다
勧める	すすめる	권하다
腹を立てる	はらをたてる	화를 내다
味わう	あじわう	맛보다
つなぐ		잡다, 연결하다
エピソード		에피소드, 일화
大嫌い	だいきらい	아주 싫어하다
大〜 ［好き / 嫌い］	だい〜 ［すき / きらい］	아주〜［좋아하다 / 싫어하다］
しつこい		끈질기다
全員	ぜんいん	전원
数日	すうじつ	며칠
親せき	しんせき	친척
接続する	せつぞくする	연결하다, 접속하다
申し出る	もうしでる	자청하다
結局	けっきょく	결국
早速	さっそく	곧, 즉시
そば		곁
取り付ける	とりつける	설치하다
出席者	しゅっせきしゃ	출석자
料金	りょうきん	요금

いつもお世話(せわ)になっております。	항상 신세를 지고 있습니다.
あいにく……。	공교롭게도….
	기대에 부응하지 못해 죄송하다는 마음을 전한다.
恐(おそ)れ入(い)りますが、……。	죄송합니다만, ….
	경의를 표해야 하는 상대에게 부탁을 할 때, 의례적으로 문장 서두에 쓰는 표현.
このままでよろしければ	이대로 괜찮으시다면…

ただいまのメッセージをお預かりしました。	메시지를 저장했습니다.
ごめん。	미안.

....

日本語能力試験	일본어 능력시험 : 일본어를 모국어로 하지 않는 사람을 대상으로 하는 일본어능력을 측정, 인증하는 시험.
摩周湖	마슈호 : 홋카이도에 있는 호수.
夏目漱石	나츠메 소세키 : 소설가, 평론가, 영문학자. 1867～1916.
マーク・トゥエイン	마크 트웨인 : Mark Twain. 미국의 소설가. 1835～1910.
H. G. ウェルズ	허버트 조지 웰스 : H. G. Wells. 영국의 소설가, 평론가. 1866～1946.
グラハム・ベル	그레이엄 벨 : Alexander Graham Bell. 물리학자, 발명가. 미국에서 전화를 발명. 1847～1922.
ハートフォード	하트포드 : 미국의 동해안, 코네티컷주에 있는 도시.

제 5 과

教科書	きょうかしょ	교과서
居酒屋	いざかや	선술집
やきとり		닭꼬치구이
画面	がめん	화면
俳優	はいゆう	배우
そっくり		꼭 닮음
コンビニ		편의점
改札［口］	かいさつ［ぐち］	개찰［구］
運転手	うんてんしゅ	운전수
かかってくる［電話が～］	［でんわが～］	걸려오다［전화가～］
切れる［電話が～］	きれる［でんわが～］	끊기다, 끊어지다［전화가～］
挙げる［例を～］	あげる［れいを～］	들다［예를～］
未来	みらい	미래
なくす［戦争を～］	［せんそうを～］	없애다［전쟁을～］
不思議［な］	ふしぎ［な］	신기하다
増やす	ふやす	늘리다
今ごろ	いまごろ	지금쯤, 이맘때
観光客	かんこうきゃく	관광객
沿う［川に～］	そう［かわに～］	따르다［강을～］
大通り	おおどおり	큰 길
出る［大通りに～］	でる［おおどおりに～］	나오다［큰 길이～］
横断歩道	おうだんほどう	횡단보도
突き当たり	つきあたり	막다른 곳
線路	せんろ	선로
向こう側	むこうがわ	반대편, 건너편
踏切	ふみきり	건널목
分かれる［道が～］	わかれる［みちが～］	갈라지다［길이～］

芸術	げいじゅつ	예술
道順	みちじゅん	(어떤 곳까지) 가는 순서, 코스
通行人	つうこうにん	통행인
通り	とおり	길
川沿い	かわぞい	강을 따라서
～沿い	～ぞい	～을 따라서
流れる	ながれる	흐르다
～先 [100 メートル～]	～さき	～앞 [100 미터～]
～方 [右の～]	～ほう [みぎの～]	～방향, ～쪽 [오른～]
南北	なんぼく	남북
逆	ぎゃく	반대, 거꾸로
南半球	みなみはんきゅう	남반구
北半球	きたはんきゅう	북반구
常識	じょうしき	상식
差別	さべつ	차별
平等 [な]	びょうどう [な]	평등하다
位置	いち	위치
人間	にんげん	인간
観察する	かんさつする	관찰하다
面	めん	면
中央	ちゅうおう	중앙
自然に	しぜんに	자연히
努力する	どりょくする	노력하다
そこで		그런 까닭으로, 그래서
普通	ふつう	보통
経緯度	けいいど	경도와 위도
無意識に	むいしきに	무의식적으로
表れ	あらわれ	나타남, 결과
上下	じょうげ	상하
左右	さゆう	좌우
少なくとも	すくなくとも	적어도

文句	もんく	불평
わざと		일부러
経度	けいど	경도
緯度	いど	위도
使用する	しようする	사용하다
東西	とうざい	동서

5

~から、~てください。 ~니, ~하세요.

> 상대가 잘 알 수 있도록 눈에 잘 띄는 곳을 말하며 찾아 가는 순서를 설명한다.

函館(はこだて) 하코다테 : 홋카이도 남부에 있는 항구도시.
東京(とうきょう)タワー 도쿄타워 : 1958년 세워진 도쿄 미나토구에 있는 텔레비전 송수신탑.
アラビア語(ご) 이집이
マッカーサー 맥아더 : Stuart McArthur. 호주인. 고교 교사.
アフリカ 아프리카
南(みなみ)アメリカ 남아메리카

제 6 과

一期一会	いちごいちえ	인생에 단 한 번 뿐인 소중한 만남
フクロウ		부엉이
学ぶ	まなぶ	배우다
一生	いっしょう	일생, 평생
店員	てんいん	점원
就職する	しゅうしょくする	취직하다
自分では	じぶんでは	저로서는
ゲーム		게임
うがい		양치질
ビタミンC	ビタミンシー	비타민C
とる[ビタミンを～]		섭취하다, 먹다[비타민을～]
遠く	とおく	먼 곳
太鼓	たいこ	북(악기)
けいこ		연습, 공부
サケ		연어
着陸する	ちゃくりくする	착륙하다
振る[手を～]	ふる[てを～]	흔들다[손을～]
タラップ		비행기 트랩
ようこそ		환영합니다
ビジネスマナー		비즈니스 매너
セミナー		세미나
案内	あんない	안내
費用	ひよう	비용
交渉する	こうしょうする	교섭하다
条件	じょうけん	조건
制度	せいど	제도

メンタルトレーニング		정신훈련
取り入れる	とりいれる	도입하다, 받아들이다
ビジネス		비즈니스
レベル		레벨, 수준
週	しゅう	1주일
全額	ぜんがく	전액
半額	はんがく	반액
出す［費用を～］	だす［ひようを～］	내다, 지불하다［비용을～］
それでは		그러면
期間	きかん	기간
日時	にちじ	날짜와 시간
授業料	じゅぎょうりょう	수업료
～料	～りょう	～료
日にち	ひにち	날짜
担当者	たんとうしゃ	담당자
延期する	えんきする	연기하다, 미루다
買い換える	かいかえる	새로 사서 바꾸다
講演会	こうえんかい	강연회
～会［講演～］	～かい［こうえん～］	～회［강연～］
上司	じょうし	상사
つかむ		잡다
そのような		그런, 그러한
想像する	そうぞうする	상상하다
イメージする		이미지를 표현하다
具体的［な］	ぐたいてき［な］	구체적
理想	りそう	이상
近づく	ちかづく	접근하다
こそあど		이～, 그～, 저～, 어느～ 등을 뜻하는 일본 지시어의 머릿글자
指す	さす	가리키다

記者会見	きしゃかいけん	기자회견
記者	きしゃ	기자
会見	かいけん	회견
～ごっこ		놀이
キャベツ		양배추
暗い[気持ちが～]	くらい[きもちが～]	어둡다[마음이～]
世の中	よのなか	세상
アホ		바보
見える[アホに～]	みえる	보이다[바보로～]
ビジネスマン		비즈니스맨
同じような	おなじような	같은
閉じる	とじる	감다(눈을～)
トレーニング		트레이닝, 연습
つまり		즉
過去	かこ	과거
向き合う	むきあう	마주보다, 직시하다
そうすれば		그렇게 하면, 그러면
現在	げんざい	현재
そこから		거기서부터
解決する	かいけつする	해결하다
プラン		계획
立てる [プランを～]	たてる	세우다[계획을～]
順番	じゅんばん	순서

いやあ、……。	야….(감탄의 의성어)
今ちょっとよろしいでしょうか。	지금 잠깐 괜찮으세요?
実は～のことなんですが、……。	실은～때문에 그러는데요….

> 교섭이나 부탁을 할 때에 말하고 싶은 내용에 대해 먼저 설명하는 표현.
> '솔직하게 말하자면, 사실은'의 의미로, 지금부터 말하고자 하는 내용에 대한 예고를 한다.

| ふうん。 | 흠.(의성어) |

もし〜が無理なら、……。　　　　　만약 〜가 무리라면….

일단 대안을 제시하고, 양보를 해서라도 어떻게든 허가를 받을 수 있도록 교섭한다.

「ちょうちょ」	'나비' : 동요
スバル	육련성, 묘성 : 황소자리에 있으며 육안으로 보이는 별자리.
日本留学試験	일본유학시험 : 일본의 대학에 입학을 희망하는 사람의 일본어 능력과 기초학력을 평가하는 시험.
羽田空港	하네다 공항 : 도쿄 오타구에 있는 공항.

제 7 과

出す [料理を～]	だす [りょうりを～]	내다 [요리를～]
歓迎会	かんげいかい	환영회
招待状	しょうたいじょう	초대장
ラーメン		라면
折り紙	おりがみ	종이접기
ピンク		핑크, 분홍
送別会	そうべつかい	송별회
中華レストラン	ちゅうかレストラン	중식 레스토랑
留学生会	りゅうがくせいかい	유학생회
～会 [留学生～]	～かい [りゅうがくせい～]	～회 [유학생～]
会長	かいちょう	회장
点数	てんすう	점수
たいした		이렇다 할, 대단한
悪口	わるぐち	험담
夫婦	ふうふ	부부
～げんか [夫婦～]	[ふうふ～]	～싸움 [부부～]
医学部	いがくぶ	의학부
～部 [医学～]	～ぶ [いがく～]	～부 [의학～]
ライオン		사자
喜ぶ	よろこぶ	기뻐하다
冗談	じょうだん	농담
～たち [子ども～]	[こども～]	～들 [아이～]
お化け	おばけ	귀신
いじめる		괴롭히다
感心する	かんしんする	감탄하다
親	おや	부모님
あらためて		다시, 새삼
一周	いっしゅう	일주

~山	~さん	~산
芝居	しばい	연극
せりふ		대사
泣く	なく	울다
アニメ		애니메이션
感動する	かんどうする	감동하다
講演	こうえん	강연
譲る	ゆずる	팔다, 양도하다
ツアー		투어, 여행
きつい [スケジュールが~]		고되다 [스케줄이~]
フリーマーケット		벼룩시장
遠慮する	えんりょする	사양하다
表す	あらわす	나타내다
失礼	しつれい	실례, 결례
受ける [誘いを~]	うける [さそいを~]	받다 [권유를~]
着付け教室	きつけきょうしつ	기모노 착용법 강좌
待ち合わせる	まちあわせる	(약속을 해서) 만나다
空く [時間が~]	あく [じかんが~]	비다 [시간이~]
交流会	こうりゅうかい	교류회
いろんな		다양한
ゼミ		세미나
せっかく		모처럼
今回	こんかい	이번
同僚	どうりょう	동료
登山	とざん	등산
紅葉	こうよう	단풍
見物	けんぶつ	구경
音楽会	おんがくかい	음악회
まんじゅう		만쥬 (일본식 과자)
ヘビ		뱀

毛虫	けむし	송충이
いばる		뽐내다
震える	ふるえる	떨리다
すると		그러자
おれ		나 (주로 남자가 씀)
～ぐらい		～정도
お前	おまえ	너 (주로 남자가 씀)
丸い	まるい	둥글다
いや		아니야
震え出す	ふるえだす	떨리기 시작하다
助ける	たすける	살리다, 돕다
次々に	つぎつぎに	잇달아
目の前	めのまえ	눈 앞
ポツリと		툭 (예상치 않은 말이나 행동)
ホームページ		홈페이지
笑い話	わらいばなし	우스갯소리
落語	らくご	라쿠고 (일본의 만담)

本当(ほんとう)ですか。	정말입니까?
ぜひお願(ねが)いします。	꼭 부탁드립니다.

> 흔쾌하게 권유를 받아들인다.

せっかく誘(さそ)っていただいたのに、申(もう)し訳(わけ)ありません。今回(こんかい)は遠慮(えんりょ)させてください。	모처럼 권해 주셨는데, 죄송합니다. 이번에는 사양하겠습니다.

> 매우 안타까운 마음임을 표현하며 권유를 정중하게 거절한다.

……かい？	…냐?
助(たす)けてくれ！	살려줘!

제8과

眠る	ねむる	자다
黙る	だまる	입을 다물다
取る[ノートを～]	とる	필기하다 [노트를～]
盗む	ぬすむ	훔치다
焦げる	こげる	타다 (음식이～)
枯れる	かれる	시들다
平凡[な]	へいぼん[な]	평범하다
人生	じんせい	인생
免許	めんきょ	면허
取る[免許を～]	とる[めんきょを～]	따다 [면허를～]
退職する	たいしょくする	퇴직하다
もったいない		아깝다
鍋	なべ	냄비
ことば遣い	ことばづかい	말씨
生	なま	날것
専門的[な]	せんもんてき[な]	전문적
社会勉強	しゃかいべんきょう	사회 공부
高校生	こうこうせい	고등학생
迷子	まいご	미아
しま		줄무늬
花柄	はながら	꽃무늬
チェック		체크
スカート		스커트
無地	むじ	무늬가 없음
水玉	みずたま	물방울
リュック		배낭
背負う	せおう	짊어지다
サービスカウンター		서비스 카운터
姪	めい	조카 (여자)

特徴	とくちょう	특징
身長	しんちょう	신장
ジーンズ		청바지
髪型	かみがた	헤어스타일
肩	かた	어깨
持ち物	もちもの	소지품
水色	みずいろ	하늘색
折りたたみ	おりたたみ	접이식
青地	あおじ	푸른 바탕
～地	～じ	～바탕
持つところ	もつところ	손잡이
プラスチック		플라스틱
途上国	とじょうこく	개발도상국
先進国	せんしんこく	선진국
プラス		좋은 점
マイナス		나쁜 점
共通	きょうつう	공통
関心	かんしん	관심
多様化	たようか	다양화
タイトル		제목 , 타이틀
反対に	はんたいに	반대로
前後	ぜんご	앞뒤 , 전후
対象	たいしょう	대상
少女	しょうじょ	소녀
アイディア		아이디어
輝く	かがやく	빛나다
浮力	ふりょく	부력
少年	しょうねん	소년
キノコ雲	キノコぐも	버섯구름
時に	ときに	때로는
ダメージ		피해

与える [ダメージを～]	あたえる	주다, 입히다 [피해를～]
ひげ		수염
伸びる	のびる	자라다 (수염이～)
発展する	はってんする	발전하다
ページ		페이지
魅力	みりょく	매력
豊か [な]	ゆたか [な]	풍부하다
受ける [ダメージを～]	うける	입다 [피해를～]
テーマ		테마, 주제
述べる	のべる	서술하다

確か、～たと思います。　　　　　　내 기억으로는 ～였다고 생각합니다.

> 사람이나 사물의 모양에 대해 기억을 더듬어가며 설명한다.

ナイジェリア	나이지리아
トリニダードトバゴ	트리니다드토바고
インド	인도
ウガンダ	우간다

제 9 과

決まる	きまる	결정되다, 정해지다
済む	すむ	끝나다
印鑑	いんかん	인감
サイン		서명
性能	せいのう	성능
タイプ		타입
機能	きのう	기능
平日	へいじつ	평일
将棋	しょうぎ	장기
自慢する	じまんする	자랑하다
豚肉	ぶたにく	돼지고기
牛肉	ぎゅうにく	쇠고기
バレーボール		배구
気温	きおん	기온
降水量	こうすいりょう	강수량
月別	つきべつ	월별
平均	へいきん	평균
予防注射	よぼうちゅうしゃ	예방주사
国々	くにぐに	나라들
都市	とし	도시
入国する	にゅうこくする	입국하다
資源	しげん	자원
とれる［米が～］	［こめが～］	수확하다［쌀을～］
大雪	おおゆき	대설
乾燥する	かんそうする	건조시키다, 말리다
道路	どうろ	도로
どんどん		점점
最後	さいご	최후

生きる	いきる	살다
誕生	たんじょう	탄생
実現する	じつげんする	실현하다
金メダル	きんメダル	금메달
金	きん	금
メダル		메달
バスケットボール		농구
選手	せんしゅ	선수
シンプル［な］		심플하다, 간단하다
書き込み	かきこみ	기입, 써넣다
検索	けんさく	검색
例文	れいぶん	예문
ジャンプ機能	ジャンプきのう	점프 기능 (다른 사전으로 점프해서 찾는 기능)
ジャンプ		점프
商品	しょうひん	상품
～社	～しゃ	～사
国語辞書	こくごじしょ	국어사전
和英辞書	わえいじしょ	일영사전
載る［例文が～］	のる［れいぶんが～］	실리다［예문이～］
シルバー		은색
付け加える	つけくわえる	덧붙이다
編集する	へんしゅうする	편집하다
しっかり		확실히, 빈틈없이
留守番をする	るすばんをする	빈집을 봐주다
柄	がら	무늬
共通語	きょうつうご	공통어
演奏	えんそう	연주
特許	とっきょ	특허
倒産	とうさん	도산
大金持ち	おおがねもち	갑부

誇る	ほこる	자랑하다
表れる	あらわれる	드러나다, 나타나다
今では	いまでは	요즘에는
ＴＳＵＮＡＭＩ	ツナミ	지진해일, 쓰나미
影響	えいきょう	영향
有名人	ゆうめいじん	유명인
録音する	ろくおんする	녹음하다
ヒント		힌트
貸し出す	かしだす	빌려주다
ところが		그러나
競争	きょうそう	경쟁
性別	せいべつ	성별
地域	ちいき	지역
関係なく	かんけいなく	관계없이
娯楽	ごらく	오락
[お] 年寄り	[お] としより	노인
仲間	なかま	친구
心	こころ	마음
治す	なおす	치료하다
単なる	たんなる	단지, 단순한
きっかけ		계기
交流協会	こうりゅうきょうかい	교류협회
広報誌	こうほうし	홍보지
暮らし	くらし	생활
役立つ	やくだつ	도움이 되다
参加者	さんかしゃ	참가자

こうやって	이렇게
～だけじゃなくて、～のがいいんですが……。	～뿐 아니라, ～하는 것이 좋겠습니다만….

사고 싶은 물건에 관하여 희망하는 조건을 첨가시킨다.

それでしたら、～(の)がよろしいんじゃ　　　그러시다면, ～(것)이 좋지 않을까요?
　　ないでしょうか。
ほとんど変わりませんね。　　　　　　　　거의 다르지 않군요.
～で、～はありませんか。　　　　　　　　～로, ～는 없습니까?

점원에게 추천 받은 물건과 같은 조건으로 다른 타입의 물건을 요구한다.

ドラえもん	도라에몽 : 만화 주인공. 애니메이션화. 번역되어 세계에 알려짐.
アインシュタイン	아인슈타인 : Albert Einstein. 독일인 (미국에 귀화) 이론물리학자. 노벨상 수상 1879～1955.
タイム	『타임』: 미국의 뉴스 주간지. 세계 30개국에서 출판.
ガンジー	간디 : Mohandas Karamchand Gandhi. 인도의 정치가, 사상가. 1869～1948.
毛沢東	모택동 : Mao Zedong. 중국의 정치가, 사상가. 중화인민공화국을 수립. 1893～1976.
黒澤 明	구로사와 아키라 : 영화감독. 대표작 '7인의 사무라이'. 1910～1998.
井上大佑	이노우에 다이스케 : 가라오케 발명가. 1949～.
8ジューク	8주크 박스 : 가라오케 제1호기. 1971년, 이노우에 다이스케가 발명.
曲がるストロー	구부러지는 빨대 : 주름진 배기구의 모양을 모델로 사카타 다카오가 발명해 특허를 취득. 친구가 병상에서 일자형 빨대를 쓰고 있는 것을 보고 생각해냈다.
プルトップリング	캔뚜껑 : 캔음료의 뚜껑을 캔에서 떼어내는 반지 모양의 손잡이.

제 10 과

もうける [お金を〜]	[おかねを〜]	벌다 [돈을〜]
見かける	みかける	눈에 띄다
否定する	ひていする	부정하다
タイムマシン		타임머신
宝くじ	たからくじ	복권
当たる [宝くじが〜]	あたる [たからくじが〜]	당첨되다 [복권이〜]
ワールドカップ		월드컵
カエル		개구리
計画	けいかく	계획
実際	じっさい	실제
めったに		좀처럼
通じる [電話が〜]	つうじる [でんわが〜]	연결되다 [전화가〜]
時間通りに	じかんどおりに	시간에 맞춰
かかる [エンジンが〜]		걸리다 [시동이〜]
鬼	おに	귀신
怒る	おこる	화내다
CO₂	シーオーツー	이산화탄소
抽選	ちゅうせん	추첨
一等	いっとう	1등
投票	とうひょう	투표
[お] 互いに	[お] たがいに	서로
出す [修理に〜]	だす [しゅうりに〜]	맡기다 [수리를〜]
聞き返す	ききかえす	되묻다
てっきり		틀림없이
倉庫	そうこ	창고

プリンター		프린터
入る［電源が～］	はいる［でんげんが～］	들어오다［전원이～］
マニュアル		설명서
親しい	したしい	친하다
驚く	おどろく	놀라다
～代［60～］	～だい	～대［60～］
誤解	ごかい	오해
記憶	きおく	기억
型	かた	형, 타입
～型	～がた	～형, ～타입
落とし物	おとしもの	유실물
転ぶ	ころぶ	넘어지다
奇数	きすう	홀수
偶数	ぐうすう	짝수
ぼんやりする		멍하다
あわて者	あわてもの	덜렁이
ミス		실수
これら		이것들
ヒューマンエラー		사람이 일으키는 실수
手術	しゅじゅつ	수술
患者	かんじゃ	환자
心理学者	しんりがくしゃ	심리학자
おかす［ミスを～］		저지르다［실수를～］
うっかりミス		무심코 한 실수
うっかり		무심코
こういう		이러한（＊ああいう：그러한, 저러한）
チェックリスト		체크리스트
手がかり	てがかり	단서, 실마리
一方	いっぽう	한편
深く　　　　　　　　［～呼吸する］	ふかく　　　　　　　　［～こきゅうする］	깊이［～호흡하다］

指	ゆび	손가락
聖人君子	せいじんくんし	성인군자
うそつき		거짓말쟁이
または		또는
エラー		에러, 실수
困った人	こまったひと	곤란한 사람
完成する	かんせいする	완성하다
つながる ［出来事に～］	［できごとに～］	이어지다［사건에～］
出来事	できごと	사건
不注意	ふちゅうい	부주의
引き起こす	ひきおこす	일으키다

どういうことでしょうか。	무슨 말씀이십니까?
	상대에게 들은 것이 뜻밖이었다는 기분을 나타낸다.
そんなはずはありません。	그럴 리가 없습니다.
てっきり～と思っていました。	틀림없이 ～라고 생각했습니다.
	지금까지 생각하고 있던 것을 전해서 지금 알게 된 것을 바로는 믿을 수 없다는 기분을 나타낸다.
気を悪くする	기분이 상하다, 기분 나빠하다
わかってもらえればいいんです。	알아주신다면 괜찮습니다.

....

ＪＲ	JR (Japan Railways)
沖縄県	오키나와현 : 일본 최남단의 현. 오키나와 본섬을 비롯하여 류큐제도를 포함. 현청소재지는 나하시.
マザー・テレサ	테레사 수녀 : Mother Teresa. 알바니아 사람으로, 인도에서 구제사업을 행한 카톨릭 수녀. 노벨상 수상. 1910～1997.

新宿 (しんじゅく)　　신주쿠 : 도쿄 부도심의 하나. 도쿄도청이 1991년 이전.
リーズン　　　　리즌 : James Reason. 영국의 심리학자. 『휴먼 에러』『조직 사고』.

제 11 과

ますます		점점 더
企業	きぎょう	기업
今後	こんご	앞으로
方言	ほうげん	사투리, 방언
普及する	ふきゅうする	보급하다
建つ	たつ	서다
大家族	だいかぞく	대가족
大～[～家族]	だい～[～かぞく]	대～[～가족]
パックツアー		패키지 여행
個人	こじん	개인
いかにも		정말로, 자못
入学式	にゅうがくしき	입학식
派手[な]	はで[な]	화려하다
元気	げんき	기운
出す[元気を～]	だす[げんきを～]	내다[기운을～]
広告	こうこく	광고
美容院	びよういん	미용실
車いす	くるまいす	휠체어
寄付する[病院に車いすを～]	きふする[びょういんにくるまいすを～]	기부하다[병원에 휠체어를～]
グレー		회색
地味[な]	じみ[な]	수수하다
原爆	げんばく	원폭
ただ一つ	ただひとつ	단 하나
恐ろしさ	おそろしさ	무서움
ダイナマイト		다이너마이트
自宅	じたく	자택
あわてる		당황하다
落ち着く	おちつく	침착하다

行動する	こうどうする	행동하다
のんびりする		느긋하다, 빈둥거리다
シューズ		신발
つながる [電話が〜]	[でんわが〜]	연결되다 [전화가〜]
遺跡	いせき	유적
発掘	はっくつ	발굴
これまでに		지금까지, 이제까지
南極	なんきょく	남극
探検	たんけん	탐험
世界遺産	せかいいさん	세계유산
価値	かち	가치
やっぱり		역시
流氷	りゅうひょう	유빙, 물에 떠 있는 얼음덩이
自由行動	じゆうこうどう	자유행동
提案する	ていあんする	제안하다
軽く [〜体操する]	かるく [〜たいそうする]	가볍게 [〜체조하다]
乗り物	のりもの	탈것, 교통기관
酔う [乗り物に〜]	よう [のりものに〜]	멀미하다 [차〜]
コメント		코멘트
さらに		게다가
仮装	かそう	가장 (〜행렬, 〜무도회)
染める	そめる	물들이다, 염색하다
黄金	おうごん	황금
伝説	でんせつ	전설
いくつか		몇 개인가
屋根	やね	지붕
農作物	のうさくぶつ	농작물
金銀	きんぎん	금은
治める	おさめる	지배하다, 다스리다

掌	てのひら	손바닥
後半	こうはん	후반
くぎ		못
村人	むらびと	마을 사람
かける[費用を～]	[ひようを～]	들이다[비용을～]
向き	むき	방향
抵抗	ていこう	저항
～層	～そう	～층
蚕	かいこ	누에
火薬	かやく	화약
製造する	せいぞうする	제조하다
送る[生活を～]	おくる[せいかつを～]	보내다[생활을～]
家内産業	かないさんぎょう	가내산업
年貢	ねんぐ	연공, 조세
期待する	きたいする	기대하다
地	ち	땅
前半	ぜんはん	전반
やってくる		오다, 찾아오다
住み着く	すみつく	정착하다
一族	いちぞく	일족
～城 [帰雲～]	～じょう [かえりくも～]	～성 [카에리쿠모～]
城	しろ	성
掘り当てる	ほりあてる	찾아내다, 발굴해내다
権力者	けんりょくしゃ	권력자
飢きん	ききん	기근
～軒	～けん	～채 (집을 세는 단위)
数百人	すうひゃくにん	수백 명 (＊数十人・数千人: 수십 명, 수천 명)
一人残らず	ひとりのこらず	한 사람도 빠짐 없이
消える	きえる	사라지다

11

保管する	ほかんする	보관하다
兆	ちょう	조(숫자의 단위)
分ける[いくつかに～]	わける	나누다[몇 개로～]
積もる[雪が～]	つもる[ゆきが～]	쌓이다[눈이～]
気候	きこう	기후
観光案内	かんこうあんない	관광안내
観光地	かんこうち	관광지

～っていうのはどうですか。	～는 것은 어떻습니까?

> 상담에 응하여 조언을 할 때, 그 조언을 받아들이거나, 그렇지 않거나 선택은 상담자의 기분이나 의향에 맡기겠다는 생각으로 가볍게 권하는 것을 나타낸다.

それも悪くないですね。	그것도 나쁘지 않군요.
それもそうですね。	그것도 그렇군요.
けど、……。	그렇지만, ….
それも悪くないですけど……。	그것도 나쁘지 않지만.

> 상대의 의견도 좋다고 인정하고 나서, 자신의 의견을 말한다.

ノーベル	노벨:Alfred Bernhard Nobel. 스웨덴의 과학자. 다이너마이트를 발명. 1833～1896.
モーツァルト	모짜르트:Wolfgang Amadeus Mozart. 오스트리아의 작곡가. 오페라 '피가로의 결혼' 외 600여곡을 작곡. 1756～1791.
首里城 しゅりじょう	슈리성:오키나와현 슈리시에 있는 류큐왕조의 성.
雪祭り ゆきまつり	눈 축제:홋카이도 삿포로시에서 관광을 위해 개최하는 축제. 거대한 눈 조각과 전구로 장식한 트리로 유명.
白川郷 しらかわごう	시라카와고:기후현 쇼가와 상류에 있는 산마을. 옛날에는 대가족이 갓쇼즈쿠리의 대가옥에서 공동생활했음.

白神山地 しらかみさんち	시라카미 산지 : 아오모리, 아키타현 경계의 시라카미산을 중심으로 하는 산지. 세계 최대급의 너도밤나무 원생림.
厳島神社 いつくしまじんじゃ	이쓰쿠시마 신사 : 히로시마현 미야지마 마을에 있다. 신전이 바다 가운데 세워져 있어 아름답다. 사적, 국보로 가득함.
屋久島 やくしま	야쿠시마 : 가고시마현 오스미제도에 속한 섬. 천년 이상 된 야쿠 삼나무의 자연림이 있다.
知床 しれとこ	시레토코 : 홋카이도 북동쪽 끝자락, 오호쓰크해에 튀어나와 있는 가늘고 긴 반도. 해안선은 절벽.
原爆ドーム げんばく	원폭돔 : 1945년 8월 6일 히로시마에 투하된 원자폭탄으로 파괴된 건물의 잔해.
合掌造り がっしょうづく	갓쇼즈쿠리 : 대가족과 양잠을 위해 만들어진 히다 지방의 민가형식. 지붕의 급경사는 폭설에 대비하기 위함.
江戸時代 えどじだい	에도시대 : 도쿠가와 시대와 같은 뜻. 막부를 에도(현 도쿄)에 둠. 1603~1867.
内ヶ嶋為氏 うちがしまためうじ	우치가시마 다메우지 : 무로마치 시대의 무장. 시라카와고에 가에리쿠모성을 건축함. 생몰년 미상.
帰雲城 かえりくもじょう	가에리쿠모성 : 1464년 경, 우치가시마 다메우지가 기후현 시라카와고에 축성함. 1586년 덴쇼 대지진에 의해 붕괴.
織田信長 おだのぶなが	오다 노부나가 : 전국 시대의 무장. 1534~1582.

제 12 과

演奏会	えんそうかい	연주회
報告書	ほうこくしょ	보고서
あくび		하품
犯人	はんにん	범인
追いかける	おいかける	뒤쫓다
作業	さぎょう	작업
スープ		수프
こぼす		엎지르다
シャッター		셔터
スプレー		스프레이
落書きする	らくがきする	낙서하다
夜中	よなか	야밤, 한밤중
日	ひ	태양, 해
当たる［日が〜］	あたる［ひが〜］	들다［해가〜］
暮らす	くらす	생활하다
書道	しょどう	서예
蛍光灯	けいこうとう	형광등
メニュー		메뉴
バイク		오토바이
目覚まし時計	めざましどけい	알람 시계, 자명종 시계
鳴る	なる	울다(시계가〜)
温暖［な］	おんだん［な］	온난하다
家事	かじ	가사일
ぐっすり［〜眠る］	［〜ねむる］	푹［〜자다］
迷惑	めいわく	폐
かける［迷惑を〜］	［めいわくを〜］	끼치다［폐를〜］
風邪薬	かぜぐすり	감기약
乗り遅れる	のりおくれる	(탈것을)놓치다, 늦어서 못타다
苦情	くじょう	불만, 불평

遅く	おそく	늦은 시간
[お]帰り	[お]かえり	귀가, 귀가 시간
あまり		너무, 지나치게
どうしても		아무리 해도
自治会	じちかい	자치회
役員	やくいん	임원
DVD	ディーブイディー	DVD
座談会	ざだんかい	좌담회
カルチャーショック		컬처쇼크, 문화충격
受ける [ショックを〜]	うける	받다 [충격을〜]
それまで		그때까지
騒々しい	そうぞうしい	시끄럽다, 소란스럽다
アナウンス		안내 방송
分かれる [意見が〜]	わかれる [いけんが〜]	갈리다, 나뉘다 [의견이〜]
奥様	おくさま	사모님
おいでいただく		와 주시다
苦労	くろう	수고, 고생
中略	ちゅうりゃく	중간생략
おかしな		우스운, 이상한, 묘한
サンダル		샌들
ピーピー		삐-삐-
たまらない		참을 수 없다
都会	とかい	도회지
住宅地	じゅうたくち	주택가
虫	むし	벌레
虫の音	むしのね	벌레 소리
車内	しゃない	차내, 전철 안
ホーム		플랫폼
加える	くわえる	더하다

さっぱり[～ない]		도무지, 통[～않다]
乗客	じょうきゃく	승객
安全性	あんぜんせい	안전성
配慮する	はいりょする	배려하다
含む	ふくむ	포함하다, 내포하다
チャイム		벨, 종소리
発車ベル	はっしゃベル	출발 벨소리
必ずしも[～ない]	かならずしも	반드시[～은/는 아니다]
近所づきあい	きんじょづきあい	이웃 왕래
コマーシャル		CF, 광고

気がつきませんでした。	미처 생각하지 못했습니다.
どうしても……	아무리 해도, …

여러가지 사정을 충분히 검토한 결과, 무리라는 기분을 전달한다.

それはわかりますけど、……	그것은 알고 있습니다만, …

상대의 입장은 이해하지만, 역시 곤란하다는 기분을 나타낸다.

どちらかと言えば……	어느 쪽이냐 하면, …
いい勉強になる	좋은 경험이 되다

ハンガリー	헝가리
ブダペスト	부다페스트
バンコク	방콕
宇都宮	우쓰노미야 : 도치기현 중앙부의 도시. 현청소재지.
浦安	우라야스 : 지바현 서북부, 도쿄만에 면하는 도시. 도쿄의 위성도시. '도쿄 디즈니랜드'가 있음.

제 2 부
문법해설

제 1 과

1. ~てもらえませんか・~ていただけませんか
~てもらえないでしょうか・~ていただけないでしょうか

V て형 + { もらえませんか／いただけませんか
　　　　　 もらえないでしょうか／いただけないでしょうか

「~てもらえませんか・~ていただけませんか」는 듣는 사람에게 '~할' 것을 정중하게 부탁할 때 사용합니다.

① ちょっとペンを貸してもらえませんか。
　　펜 좀 빌릴 수 있을까요?

② コピー機の使い方を教えていただけませんか。
　　복사기 사용법을 가르쳐 주실 수 있습니까?

참조　「~ていただけませんか (정중한 의뢰 표현)」:
　　　いい先生を紹介していただけませんか。　　　(☞『みんなの日本語初級Ⅱ』 제 26 과)

「~てもらえないでしょうか・~ていただけないでしょうか」는, 「~てもらえませんか・~ていただけませんか」보다 더욱 정중하고 부드러운 인상을 주는 표현입니다.

③ すみません、子どもが寝ているので、もう少し静かにしてもらえないでしょうか。
　　죄송합니다만, 아이가 자고 있으니 조금 조용히 해주실 수 없을까요?

④ 申し訳ございませんが、子どもを預っていただけないでしょうか。
　　죄송합니다만, 아이 좀 맡아 주실 수 없으신가요? (부정 의뢰)
　　죄송합니다만, 아이 좀 맡아 주시겠습니까? (긍정 의뢰)

2. ~のようだ・~のような~・~のように… (비유, 예시)

Nの + { ようだ
　　　　 ようなN
　　　　 ようにV／いA／なA

「N₁はN₂のようだ」는, N₁의 특징을 다른 사물인 N₂에 빗대어 표현하는 경우에 쓰입니다. (비유)

① あの病院はホテルのようだ。　저 병원은 호텔 같다.
② このお酒はジュースのようだ。　이 술은 주스 같다.

「N₂のようなN₁」의 형태로 명사를 수식하는 경우도 있습니다.

③ 田中さんはホテルのような病院に入院している。

　　다나카 씨는 호텔 같은 병원에 입원하고 있다. ('시설이 호텔같이 좋은'이라는 의미)

④ わたしはジュースのようなお酒しか飲まない。

　　나는 주스 같은 술 밖에 안 마신다.

그리고「N₁はN₂のように」의 형태로 동사나 형용사 앞에 사용할 수도 있습니다.

⑤ 田中さんが入院している病院はホテルのようにきれいだ。

　　다나카 씨가 입원하고 있는 병원은 호텔처럼 깨끗하다.

⑥ このお酒はジュースのように甘い。　이 술은 주스같이 달다.

　「N₂のようなN₁」은, N₂를 예로 들어서 N₁의 특징을 서술하는 경우에도 사용합니다. (예시)

⑦ 夫は、カレーのような簡単な料理しか作れません。

　　남편은 카레 같은 간단한 요리밖에 못 만듭니다.

⑧ 「アポ」のような外来語は、外国人にはとても難しい。

　　'아포' 같은 외래어는, 외국인에게는 매우 어렵다.

参照 「…ようだ (상황에서의 판단)」:

　　人が大勢集まっていますね。

　　…事故のようですね。パトカーと救急車が来ていますよ。

(☞『みんなの日本語初級Ⅱ』제 47 과)

3. ～ことは／が／を

V 사전형 + こと + は／が／を

「～こと」의 형태로 명사구를 만듭니다.

① 朝早く起きることは健康にいい。

　　아침에 일찍 일어나는 것은 건강에 좋다.

② 田中さんは踊ることが好きです。　다나카 씨는 춤추는 것을 좋아합니다.

③ 優勝することを目指しています。　우승하는 것을 목표로 하고 있습니다.

参照 「V 사전형 + ことができます／ことです」:

　　わたしはピアノを弾くことができます。

　　わたしの趣味は映画を見ることです。

(☞『みんなの日本語初級Ⅰ』제 18 과)

4. ~を~と言う

N₁ を N₂ と言う

사물이나 사실(N₁)의 이름(N₂)을 나타내는 표현입니다.

① 1月1日を元日と言います。

　　1월 1일을 간지츠(설날)라고 합니다.

② 正月に神社やお寺に行くことを初詣でと言う。

　　설날에 신사나 절에 가는 것을 하츠모우데라고 한다.

5. ~という~

N₁ という N₂

　듣는 사람이 모를지도 모르는 사물이나 사람(N₁)을, 대화나 문장 속에서 나타내는 경우의 표현입니다. N₁은 이름과 같은 고유명사이며, N₂는 일반명사입니다.

① 夏目漱石という小説家を知っていますか。

　　나츠메 소세키라는 소설가를 알고 있습니까?

② 昨日、「スター・ウォーズ」という映画を見ました。

　　어제, '스타워즈'라는 영화를 봤습니다.

6. いつ/どこ/何/だれ/どんなに~ても

```
V て형
*いA  -い → くて
*なA  ＋で      ＋も
N
```

'어떠한 경우라도 전부'라는 뜻을 나타냅니다.「いつ」「どこ」「何」「だれ」「どんなに」 등의 말 뒤에「ても」가 붙는 형태로 사용합니다.

① 世界中どこにいても家族のことを忘れません。

　　세계 어디에 있더라도 가족을 잊지 않겠습니다.

② 何度聞いても同じことしか教えてくれない。

　　몇 번을 물어도 같은 것밖에 알려 주지 않는다.

③ だれが何と言っても考えを変えません。

　　누가 뭐라 해도 생각을 바꾸지 않겠습니다.

④ どんなに高くても買いたいです。

　　아무리 비싸더라도 사고 싶습니다.

명사의 경우는「どんなNでも」「どのNでも」「どんなに～Nでも」가 됩니다.

⑤ どんな人でも優しい心を持っているはずだ。

　　어떤 사람이라도 상냥한 마음을 갖고 있는 법이다.

⑥ 正月になると、どの神社でも人がいっぱいだ。

　　설날이 되면 어느 신사라도 사람이 가득하다.

⑦ どんなに丈夫なかばんでも長く使えば、壊れてしまうこともある。

　　아무리 튼튼한 가방이라도 오래 쓰면 망가져 버리는 경우도 있다.

참조　「～ても (역접)」：いくら考えても、わかりません。

(☞『みんなの日本語初級Ⅰ』제25과)

話す・聞く

～じゃなくて、～

「N₁ じゃなくて、N₂」는 N₁을 부정하고, 그 대신에 N₂를 나타냅니다.

① これはペンじゃなくて、チョコレートです。食べられますよ。

　　이것은 펜이 아니라 초콜릿입니다. 먹을 수 있어요.

② 京都ではお寺を見ましょうか。

　　…お寺じゃなくて、若い人が行くようなにぎやかなところに行きたいです。

　　교토에서는 절을 구경할까요?

　　절이 아니라 젊은 사람들이 갈 만한 번화한 곳에 가고 싶습니다.

読む・書く

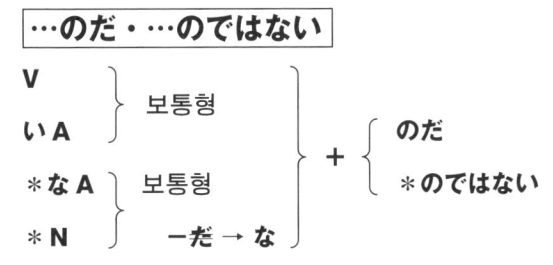

…のだ・…のではない

V
いA 　　　　보통형
*なA 　　　보통형　　＋ 　のだ
*N 　　　　－だ→な　　　　*のではない

「…のです」는, 어떤 이유에 의해서 생긴 결과나, 어떤 근거에 기초한 판단을 나타낼 때 다음과 같은 형태로 쓰이는 경우가 있습니다.

① 3時の飛行機に乗らなければなりません。それで、わたしは急いでいるのです。
　　　　　　(이유 / 근거)　　　　　　(だから／それで)　　(결과 / 판단)

　3시 비행기를 타지 않으면 안 됩니다. 그래서 저는 서두르고 있는 것입니다.

② 彼は日本に留学します。それで日本語を勉強しているのです。

　그는 일본으로 유학을 갑니다. 그래서 일본어를 공부하고 있는 것입니다.

「…のではない」는, 문장 끝 이외의 부분을 부정하는 경우에 쓰입니다. 예를 들어 ③에서는 '혼자서'의 부분을 부정하고 있습니다.

③ このレポートは一人で書いたのではありません。

　이 리포트는 혼자서 쓴 것이 아닙니다.

　cf.　×このレポートは一人で書きませんでした。

何人も、何回も、何枚も…

「何+조수사 (人、回、枚…) + も」는, 수량이 많은 것을 나타냅니다.

① マンションの前にパトカーが何台も止まっています。

　아파트 앞에 경찰차가 몇 대나 서 있습니다.

제 2 과

1. (1) (2) ~たら、~た

V たら、{V・A} た

(1) 「Xたら、Yた」는, 동작 X의 결과, Y가 생겼다는 의미를 나타냅니다.
   ① 薬を飲んだら、元気になりました。
      약을 먹으니 기운이 났습니다.
   ② カーテンを変えたら、部屋が明るくなった。
      커튼을 바꾸니 방이 밝아졌다.

(2) 다음과 같이 동작 X의 결과 Y를 발견했다는 의미를 나타내는 경우도 있습니다.
   ③ 家に帰ったら、猫がいなかった。
      집에 돌아오니 고양이가 없었다.
   ④ かばんを開けたら、財布がなくなっていた。
      가방을 여니 지갑이 없었다.
   ⑤ 50年前の古いお酒を飲んでみたら、おいしかった。
      50년 된 오래된 술을 마셔보니 맛있었다.

「Xと、Yた」도 (1), (2)의 의미를 나타낼 수 있습니다.
   ⑥ 薬を飲むと、元気になりました。　약을 먹으니 기운이 났습니다.
   ⑦ 家に帰ると、猫がいなかった。　집에 돌아오니 고양이가 없었다.

참조　「~たら (가정)」：お金があったら、旅行します。
　　　「~たら (완료)」：10時になったら、出かけましょう。

(☞『みんなの日本語初級Ⅰ』 제25과)

2. ~というのは~のことだ・~というのは…ということだ

N というのは { N の / 문장 (보통형) という } + ことだ

「Xというのは~のことだ」「Xというのは…ということだ」는, 어떠한 단어 (X)의 의미를 설명할 때 쓰이는 표현입니다.
   ① 3Kというのは汚い、きつい、危険な仕事のことだ。
      3K라는 것은 더럽고, 힘들고, 위험한 일이라는 뜻이다.
   ② PCというのはパソコンのことです。
      PC라는 것은 퍼스널 컴퓨터 (개인용 컴퓨터) 라는 뜻입니다.

③ 禁煙というのはたばこを吸ってはいけないということです。

　　금연이라는 것은 담배를 피우면 안 된다는 뜻입니다.

④ 駐車違反というのは車を止めてはいけない場所に車を止めたということです。

　　주차위반이라는 것은 차를 세우면 안 되는 장소에 차를 세웠다는 뜻입니다.

3. …という～

문장 (보통형) ＋ という N (이야기나 생각을 나타내는 명사)

「話、うわさ、考え、意見、意志、批判、ニュース」(이야기, 소문, 생각, 의견, 의지, 비판, 뉴스) 등, 이야기나 생각을 표현하는 명사의 내용을 설명할 때에는 「…という～」와 같은 형태를 사용합니다.

① 昔ここは海だったという話を知っていますか。

　　옛날에 여기가 바다였다고 하는 이야기를 알고 있습니까?

② 田中さんがもうすぐ会社を辞めるといううわさを聞きました。

　　다나카 씨가 곧 회사를 그만둔다는 소문을 들었습니다.

③ カリナさんは、研究室は禁煙にしたほうがいいという意見を持っている。

　　카리나 씨는, 연구실은 금연으로 하는 편이 좋겠다는 의견을 가지고 있다.

4. …ように言う／注意する／伝える／頼む

V 사전형
V ない형　－ない
｝ ように ＋ V (言う、注意する、伝える、頼む)
　　　　　　(말하다, 주의시키다, 전하다, 부탁하다)

지시나 의뢰의 내용을 간접적으로 인용할 때에 사용합니다. 지시나 의뢰의 내용을 직접 인용하면, 「～なさい」나「～てはいけません」「～てください」와 같은 문장이 됩니다.

① 学生に図書館で物を食べないように注意しました。

　　학생에게 도서관에서 음식을 먹지 않도록 주의를 주었습니다.

　　→ 学生に「図書館で物を食べてはいけません」と注意しました。

　　　　학생에게 "도서관에서 음식을 먹으면 안됩니다"라고 주의를 주었습니다.

② この仕事を今日中にやるように頼まれました。

　　이 일을 오늘 중으로 끝내도록 부탁 받았습니다.

　　→ 「この仕事を今日中にやってください」と頼まれました。

　　　　"이 일을 오늘 중으로 끝내 주세요"하고 부탁 받았습니다.

③ 子どもたちに早く寝るように言いました。　아이들에게 빨리 자도록 말했습니다．
　→ 子どもたちに「早く寝なさい」と言いました。
　　　　　　아이들에게 "빨리 자거라"라고 말했습니다．

참고로, ~なさい 는 지시, 명령의 표현입니다. 부모가 자식들에게 말할 때 등, 한정된 경우에만 쓰입니다. 시험의 지시문 등에도 쓰입니다.

5. ~みたいだ・~みたいな~・~みたいに… (비유, 예시)

N { みたいだ
　　 みたいなN
　　 みたいにV／いA／なA

「~ようだ」와「~みたいだ」는 의미의 차이는 없지만,「~みたいだ」쪽이 격의 없는 회화에서 쓰입니다.

① わあ、このお酒、ジュースみたいだね。
　　와! 이 술, 주스 같네.
② わたしはジュースみたいなお酒しか飲まない。
　　나는 주스 같은 술밖에 안 마신다.
③ このお酒はジュースみたいに甘いよ。　이 술은 주스 같이 달아.
④ 夫は、カレーみたいな簡単な料理しか作れません。
　　남편은 카레 같은 간단한 요리밖에 못 만듭니다.

참조　「~のようだ・~のような~・~のように…」:
　　　あの病院はホテルのようだ。
　　　　　　　　　　　　　　　　　　　(☞『みんなの日本語中級Ⅰ』제1과)

話す・聞く

~ところ

「~とき」라는 의미이지만,「お忙しいところ (바쁘신 와중에)」「お休みのところ (쉬는 중이신데)」「お急ぎのところ (바쁘신 와중에)」「お疲れのところ (피곤하실 텐데)」등, 정해진 어휘에만 쓰입니다. 남에게 무언가 부탁한다든지, 감사의 뜻을 말한다든지 할 때 쓰입니다.

① お忙しいところ、すみません。ちょっとお願いがあるんですが。
　　바쁘신 와중에 죄송합니다. 부탁이 좀 있습니다만.
② お休みのところ、手伝ってくださって、ありがとうございました。
　　쉬는 중이신데 도와주셔서 감사합니다.

제 3 과

1. ~（さ）せてもらえませんか・~（さ）せていただけませんか
   ~（さ）せてもらえないでしょうか・~（さ）せていただけないでしょうか

   V（さ）せ + { もらえませんか／いただけませんか
                もらえないでしょうか／いただけないでしょうか }

   말하는 사람이 듣는 사람에게 「~すること」의 허가를 구하는 경우 사용하는 표현입니다.

   ① すみません。このパンフレットをコピーさせてもらえませんか。
      실례합니다. 이 팸플릿을 복사해도 되겠습니까?
   ② 月曜日の店長会議で報告させていただけませんか。
      월요일의 점장회의에서 보고해도 되겠습니까?
   ③ 一度、工場を見学させていただけないでしょうか。
      한번, 공장을 견학해도 괜찮겠습니까?

   「~させてもらえませんか」보다 「~させていただけませんか」쪽이 더욱 정중하며, 「~させていただけませんか」보다 「~させていただけないでしょうか」쪽이 더욱 정중합니다.

   참조 「~させていただけませんか（정중한 의뢰 표현）」: しばらくここに車を止めさせていただけませんか。
   （☞『みんなの日本語初級Ⅱ』제 48 과）

2. (1) …ことにする

   V 사전형
   *V ない형 －ない } + ことにする

   「Vする／Vしないことにする」는, 'V하는 것으로 결정하다 ／ V하지 않는 것으로 결정하다' 라는 의미를 나타냅니다.

   ① 来年結婚することにしました。　내년에 결혼하기로 했습니다.
   ② 今晩は外で食事をすることにしよう。　오늘 저녁은 밖에서 식사하기로 하자.

2. (2) …ことにしている

   V 사전형
   V ない형 －ない } + ことにしている

「Vする／Vしないことにしている」는, 이전에 정한 후, 계속 지키고 있는 습관을 나타냅니다.

① 毎週日曜日の夜は外で食事をすることにしている。

　매주 일요일 저녁은 외식 하기로 했다.

② ダイエットしているので、お菓子を食べないことにしている。

　다이어트를 하고 있어서 과자를 먹지 않기로 했다.

3. (1) …ことになる

V 사전형
V ない형　－ない
＋ ことになる

「Vすることになる／Vしないことになる」는, 'V하는 것으로 결정되다 / V하지 않는 것으로 결정되다' 라는 의미를 나타냅니다. 「ことにする」가 자신이 결정한 것을 나타내는 것에 비해, 「ことになる」는 자신의 의지가 아닌, 외부적인 요인으로 결정된 것을 나타냅니다.

① 来月アメリカへ出張することになりました。

　다음 달 미국으로 출장을 가게 되었습니다.

② 中国へは田中さんが行くことになるでしょう。

　중국에는 다나카 씨가 가게 되겠지요.

단, 실제로는 자신이 결정한 것이라도, 자신의 의지가 전면에 나오는 것을 피하기 위해 「ことになる」를 사용하는 경우도 있습니다.

③ 部長、実は、今年の秋に結婚することになりました。結婚式に出席していただけないでしょうか。

　부장님, 실은 올 가을에 결혼을 하게 되었습니다. 결혼식에 와 주실 수 있으신지요?

3. (2) …ことになっている

V 사전형
V ない형　－ない
＋ ことになっている

「Vする／Vしないことになっている」의 형태는 예정이나 규칙으로서 정해져 있는 것을 나타냅니다.

① あしたの朝9時から試験を行うことになっています。

　내일 아침 9시부터 시험을 보기로 되어 있습니다.

② うちでは夜9時以降はテレビをつけないことになっている。

　　우리 집에서는 밤 9시 이후에는 텔레비전을 켜지 않는 것으로 되어 있다.

4. ～てほしい・～ないでほしい

V て형
V ない형 －ないで　　＋ ほしい

(1) 「N に V てほしい」는 'N(다른 사람)이 V하는 것을 바라다' 라는 의미를 나타냅니다.

① わたしは息子に優しい人になってほしいです。

　　저는 아들이 착한 사람이 되기를 바랍니다.

N이 누구인지 알고 있을 때에는 「N に」는 생략됩니다.

② このごろ自転車を利用する人が多いが、規則を守って乗ってほしい。

　　요즘 자전거를 이용하는 사람이 많지만, 규칙을 지키며 타기를 바란다.

'V하지 않기를 바라다'의 경우에는 부정의 형태인 「V ないでほしい」로 나타냅니다.

③ こんなところにごみを捨てないでほしい。

　　이런 곳에 쓰레기를 안 버렸으면 좋겠다.

상대방에게 사용하면 의뢰, 지시의 표현이 되지만, 그대로는 너무 직접적이기 때문에 「のですが／んですが」 등을 붙여서 쓰이는 경우가 많습니다.

④ すみません、ちょっと手伝ってほしいんですが。

　　죄송합니다만, 좀 도와주셨으면 합니다만.

(2) 사람의 행위 이외에도 사용할 수 있습니다. 그 경우에는 「N に」가 아닌 「N が」를 사용합니다.

⑤ 早く春が来てほしい。　빨리 봄이 왔으면 좋겠다.

⑥ あしたは雨が降らないでほしい。　내일은 비가 안 오면 좋겠다.

5. (1) ～そうな～・～そうに…

V ます형
いA －い　　＋　そうな N
*なA　　　　　　そうに V

동사에 붙는 「V そうだ」와 형용사에 붙는 「A そうだ」는 의미가 다릅니다. 「V そうだ」는 V가 일어날 가능성이 높다는 예상이나 V가 일어날 징후를 나타냅니다.

① ミラーさん、シャツのボタンが取れそうですよ。

　　밀러 씨, 셔츠 단추가 떨어질 것 같은데요.

② 雨が降りそうなときは、洗濯しません。

　　비가 내릴 것 같은 때에는 빨래를 하지 않습니다.

「Aそうだ」는 '외관이 A하게 보인다'는 의미를 나타냅니다.

③ ワンさんの隣にいる学生はまじめそうですね。

　　왕 씨 옆에 있는 학생은 성실해 보이네요.

④ このケーキはおいしそうですね。　이 케이크는 맛있어 보이네요.

⑤ 子どもたちが楽しそうに遊んでいます。

　　아이들이 즐거운 듯이 놀고 있습니다.

　예상이나 징후를 나타내는 「Vそうだ」와, 외관을 나타내는 「Aそうだ」는 명사를 수식할 때에 「そうなN」의 형태가 되며, 동사를 수식할 때에는 「そうにV」의 형태가 됩니다.

⑥ 雨が降りそうなときは、洗濯しません。

　　비가 내릴 것 같은 때에는 빨래를 하지 않습니다.

⑦ おいしそうなケーキがありますね。　맛있어 보이는 케이크가 있군요.

⑧ 子どもたちが楽しそうに遊んでいます。

　　아이들이 즐거운 듯이 놀고 있습니다.

참조 「～そうだ (예상, 외관)」:
今にも雨が降りそうです。
この料理は辛そうです。
ミラーさんはうれしそうです。

(☞『みんなの日本語初級Ⅱ』 제43과)

5. (2) ～なさそう

```
いA    －い → く
なA  } －だ → では  } ＋ なさそう
＊N         (じゃ)
```

「Aそうだ」의 부정의 형태로, '외관이 A가 아닌 것처럼 보인다 / 생각된다'는 의미를 나타냅니다.

① あの映画はあまりおもしろくなさそうですね。

　　저 영화는 그다지 재미있어 보이지 않는군요.

② この機械はそんなに複雑じゃ（では）なさそうです。

　　이 기계는 그렇게 복잡하지는 않아 보입니다.

③ 彼は学生ではなさそうです。　그는 학생이 아닌 것 같습니다.

5. (3) ～そうもない

Vます형 + そうもない

「Vそうだ」의 부정의 형태로 'V가 일어날 일은 없다'는 예상을 나타냅니다.

① 今日は仕事がたくさんあるので、5時に帰れそうもありません。

　　오늘은 일이 많아서 5시에 돌아갈 수 있을 것 같지 않습니다.

② この雨はまだやみそうもないですね。

　　이 비는 아직 그칠 것 같지 않군요.

話す・聞く

～たあと、…

V たあと、…

「V たあと、…」는 V한 다음에 「…」라는 상태나 사항이 계속되는 것을 나타냅니다.

① じゃ、来週の月曜日会議が終わった{あと／あとで}、お会いしましょうか。

　　그러면, 다음 주 월요일 회의가 끝난 {다음 / 다음에} 만나시겠습니까?

「…」에 「いる」「ある」 등이 오는 경우, 「あとで」는 사용하기 어렵습니다.

② 日曜日は朝食を食べた{○あと／×あとで}、どこへも行かず家でテレビを見ていました。

　　일요일은 아침을 먹은 뒤 아무데도 가지 않고 집에서 텔레비전을 보고 있었습니다.

③ 授業が終わった{○あと／×あとで}、学生が2、3人まだ教室に残っていました。

　　수업이 끝난 후 학생 두세 명이 아직 교실에 남아 있었습니다.

제 4 과

1. **…ということだ (전문)**

   문장 (보통형) + ということだ

   (1) 「Xということだ」는, 「Xそうだ」와 비슷한 전문(傳聞)의 표현으로, 다른 사람이나 일반인이 말하고 있는 내용X를 전달하는 경우에 사용합니다.

   ① 山田さんから電話があったのですが、約束の時間に少し遅れるということです。
   야마다 씨에게서 전화가 왔었는데, 약속 시간에 약간 늦는다고 합니다.

   ② 近くにいた人の話によると、トラックから急に荷物が落ちたということです。
   가까이에 있던 사람의 말에 의하면, 트럭에서 갑자기 짐이 떨어졌다고 합니다.

   「とのことです」라는 형태도 있지만, 문장체에서 주로 쓰입니다.

   ③ (手紙文) 先日、ワンさんに会いました。ワンさんから先生によろしくとのことです。
   (편지글) 지난 번, 왕 씨를 만났습니다. 왕 씨가 선생님께 안부를 전해달라고 하더군요.

   (2) 「Xということですね」는, 방금 상대방에게서 들은 내용을 되풀이해서 확인할 때에 쓰이는 경우가 있습니다.

   ④ A : 部長に30分ほど遅れると伝えてください。
       부장님께 30분 정도 늦는다고 전해 주세요.

       B : はい、わかりました。30分ほど遅れるということですね。
       네, 알겠습니다. 30분 정도 늦는다는 말씀이죠?

2. **…の・…の？**

   문장 (보통형) + { の / の？ }

   「…のですか」의 반말투로, 가까운 사람과의 대화에서 사용합니다.

   ① どこへ行くの？ 어디 가니?
   …ちょっと郵便局へ。 우체국에 좀.

② 元気がないね。先生にしかられたの？ 힘이 없어 보이네. 선생님한테 혼났어?
　…うん。 응.
③ どうしたの？ 왜 그래?
　…お母さんがいないの。 엄마가 없어.

参照 「…のです／んです」: 원인・이유・근거 등의 설명을 강조할 때의 표현. 회화체의 「…んです」에 대한 문어체로 「…のです」가 있다.

(☞『みんなの日本語初級Ⅱ』 제 26 과)

3. ～ちゃう・～とく・～てる

〈형태를 만드는 방법〉

V てしまう → V ちゃう

V ておく → V とく

V ている → V てる

(1) 「～てしまう」는 회화체로는, 「～ちゃう」가 됩니다.
　① 行ってしまいます → 行っちゃいます
　② 読んでしまった → 読んじゃった
　③ 見てしまった → 見ちゃった

(2) 「～ておく」는 회화체로는, 「～とく」가 됩니다.
　④ 見ておきます → 見ときます
　⑤ 作っておこう → 作っとこう
　⑥ 読んでおいてください → 読んどいてください

(3) 「～ている」는 회화체로는, 「～てる」가 됩니다.
　⑦ 走っている → 走ってる
　⑧ 読んでいる → 読んでる
　⑨ 見ていない → 見てない

4. ～（さ）せられる・～される (사역 수동)

〈형태를 만드는 방법〉

V Ⅰ: ない형 + せられる／される

V Ⅱ: ない형 + させられる

V Ⅲ: する → させられる

　　＊来る → 来させられる

(1) 사역형과 수동형이 조합된 표현입니다.
　① 太郎君は掃除をしました。 타로 군은 청소를 했습니다.
　　→ 先生は太郎君に掃除をさせました。(사역문)
　　　선생님은 타로 군에게 청소를 시켰습니다.
　　→ 太郎君は先生に掃除をさせられました。(사역수동문)
　　　타로 군은 선생님의 지시에 따라 청소를 했습니다.

(2) 이러한 사역 수동은「N₁ は N₂ に V させられる」라는 문형이 기본이지만,「N₂ に」가 명시되어 있지 않은 경우도 있습니다. 어느 경우라도 N₁이 자신의 의지가 아닌 다른 사람의 지시에 따라 V 한다는 의미가 됩니다.
　② 昨日の忘年会ではカラオケを{歌わせられた/歌わされた}。
　　어제 송년회에서는 (할 수 없이) 노래를 불렀다.
　③ この会議では毎月新しい問題について研究したことを発表させられます。
　　이 회의에서는 매월 새로운 문제에 관해 연구한 것을 발표합니다.

5. ~である（である체）

N
*なA　} + である

~ている + のである

의미는「~だ」와 같지만, 딱딱한 문체입니다. 문어체, 특히 논설문 등의 문장에서 자주 쓰입니다.
　① 失敗は成功の母である。 실패는 성공의 어머니이다.
　② このような事件を起こしたことは非常に残念である。
　　이런 사건을 일으킨 것은 매우 안타깝다.
　③ ここは去年まで山であった。
　　여기는 작년까지 산이었다.

「である체」에서「~のだ」는「~のである」가 됩니다.
　④ 世界中の人々が地球の平和を願っているのである。
　　세계 사람들이 지구의 평화를 기원하고 있다.

6. ～ます、～ます、… ・ ～くて、～くて、… （중지형）

〈형태를 만드는 방법〉

V　：Vます형　ーます（います → おり）

いA　：いA　ーい → く

なA　：なA　ーで

＊N　：N　ーで

(1) 동사의 중지형 (ます형과 같은 형태) 은, 「V₁ (ます형)、V₂」와 같이 쓰이며, 「V₁ (て형)、V₂」와 마찬가지로 사건의 계기를 나타내거나 사건을 나열합니다.

① 朝起きたら、まず顔を洗い、コーヒーを飲み、新聞を読みます。

　　아침에 일어나면 우선 세수를 하고, 커피를 마시고, 신문을 읽습니다.

② 彼とは学生時代、よく遊び、よく話し、よく飲んだ。

　　그와는 학생시절에 자주 놀고, 자주 이야기하고, 자주 술을 마셨다.

(2) 「いる」의 중지형은 「おり」입니다.

③ 兄は東京におり、姉は大阪にいます。

　　형은 도쿄에 있고, 누나는 오사카에 있습니다.

(3) 형용사와 명사의 중지형은 각각의 단어가 뜻하는 의미의 나열을 나타냅니다.

④ マリアさんは、優しく、頭がよく、すばらしい女性だ。

　　마리아 씨는 상냥하고, 똑똑하며, 훌륭한 여성이다.

7. (1) ～（た）がる

Vます형 ＋ たがる

いA　ーい ＼
　　　　　　＞ ＋ がる
なA　　　　／

「Nが～（た）がる」의 형태로 감정을 나타내는 형용사에 붙어, N (다른 사람) 의 감정이 표정과 행동으로 표현되고 있다는 의미를 나타냅니다. 「～たい」라는 희망의 경우에는 「～たがる」의 형태가 됩니다.

① 太郎君は友達のおもちゃを欲しがる。　　타로 군은 친구의 장난감을 탐낸다.

② このチームが負けると、息子はすごく悔しがる。

　　이 팀이 지면 아들은 아주 분해한다.

③ このごろの若者は、難しい本を読みたがらない。

요즘 젊은이는 어려운 책을 읽으려 하지 않는다.

7. (2) ～(た)がっている

Vます형 + たがっている

いA －い
なA ⎬ + がっている

「～(た)がる」는 언제나 감정이나 희망을 표현하는 행동을 한다는 경향을 나타냅니다. 현재 그러한 행동을 하고 있다는 것을 나타내는 경우에는 「～(た)がっている」의 형태를 사용합니다.

① 太郎君は友達のおもちゃを欲しがっている。

타로 군은 친구의 장난감을 탐내고 있다.

② 好きなチームが負けて、息子はすごく悔しがっている。

좋아하는 팀이 져서 아들은 아주 분해하고 있다.

8. …こと・…ということ

문장 (보통형) + [という] こと + 격조사

なA + なこと／＊であること

(1) 문장에 격조사 등을 붙여서 명사화하기 위해서는 「…こと＋격조사」의 형태를 사용합니다. 이 때 「…こと」의 앞은 보통형이 됩니다.

① 田中さんが結婚したことを知っていますか。

다나카 씨가 결혼한 것을 알고 있습니까?

② これは田中さんの辞書ではないことがわかりました。

이것은 다나카 씨의 사전이 아닌 것을 알게 되었습니다.

な형용사로 끝나는 문장의 경우에는 「な형용사＋なこと」, 또는 「な형용사＋であること」가 됩니다.

③ 世界中でこの漫画が有名 {な／である} ことを知っていますか。

세계적으로 이 만화가 유명하다는 것을 알고 있습니까?

(2) 길고 복잡한 문장인 경우 그것을 정리해서 명사화하기 위해서는 「こと」의 앞에 「という」가 필요합니다. 「～ということ」 앞에는 보통형이 옵니다.

④ 二十歳(はたち)になればだれでも結婚(けっこん)できるということを知っていますか?

　　20세가 되면 누구나 다 결혼할 수 있다는 것을 알고 있습니까?

⑤ 日本(にほん)に来(き)てから、家族(かぞく)はとても大切(たいせつ) {だ／である} ということに初(はじ)めて気(き)がついた。

　　일본에 와서 가족이 매우 소중하다는 것을 처음으로 깨달았다.

⑥ この辺(あた)りは昔(むかし)、海(うみ) {だった／であった} ということは、あまり知(し)られていない。

　　이 부근이 옛날에 바다였다는 것은, 그다지 알려지지 않았다.

参照 「こと」:朝早(あさはや)く起(お)きることは健康(けんこう)にいい。　　(☞『みんなの日本語中級 I』제 1 과)

　　　東京(とうきょう)へ行(い)っても、大阪(おおさか)のことを忘(わす)れないでくださいね。

(☞『みんなの日本語初級 I』제 25 과)

話す・聞く

～の～ (동격)

　　N₁과 N₂가 같은 것이라는 것을 나타냅니다. N₁은 N₂의 속성을 나타내는 명사로, N₂를 자세하게 설명합니다. 「N₁である N₂」라고도 바꿔 말할 수 있습니다.

① 部長(ぶちょう)の田中(たなか)をご紹介(しょうかい)します。

　　부장인 다나카 씨를 소개합니다.

② あさっての金曜日(きんようび)はご都合(つごう)いかがですか。

　　모레, 금요일은 사정이 어떠십니까?

～ましたら、…・～まして、…

V (정중형) ＋ {たら・て}、…

「たら」와 て형은 정중형이 될 수 있습니다.

① 会議(かいぎ)が終(お)わりましたら、こちらからお電話(でんわ)させていただきます。

　　회의가 끝나면 저희가 전화 드리겠습니다.

② 本日(ほんじつ)は遠(とお)くから来(き)てくださいまして、ありがとうございました。

　　오늘 멀리서 와 주셔서, 감사합니다.

제 5 과

1. (1) あ～・そ～ （문맥지시 （회화））

「あ～」「そ～」등의 지시사에는 그 곳에 있는 사물을 가리키는 용법 이외에도, 회화나 문장 속에 나오는 것을 가리키는 용법이 있습니다.

일본어에서는 말하는 사람과 듣는 사람 모두 알고 있는 것은 「あ（あれ、あの、あそこ…）」로 표현합니다. 또한 말하는 사람은 알고 있지만 듣는 사람은 모르는 것이나, 듣는 사람은 알고 있지만 말하는 사람은 모르는 것은 「そ（それ、その、そこ）」로 표현합니다.

(* 한국어의 경우에는 「あ～」와 「そ～」 양쪽 모두 '그～'로 표현할 수 있으므로 주의가 필요합니다.)

① さっき、山本さんに会ったよ。 좀 전에 야마모토 씨를 만났어.
　…え、あの人、今日本にいるんですか。 그래요? 그 사람 지금 일본에 있습니까?

② さっき、図書館でマリアさんという人に会ったんだけどね。その人、この学校で日本語を勉強したんだって。
　좀 전에 도서관에서 마리아라는 사람을 만났는데, 그 사람, 이 학교에서 일본어를 배웠대.
　…そうですか。その人は何歳ぐらいですか。
　그렇습니까? 그 사람 몇 살 정도입니까?

1. (2) そ～ （문맥지시 （문장））

문장에서 이미 나온 것을 가리키는 경우에는 「そ（それ、その、そこ…）」를 사용합니다.

① 会社を出たあと、駅のレストランで夕食を食べました。そのとき、財布を落としたんだと思います。
　회사를 나온 후에 역에 있는 레스토랑에서 저녁을 먹었습니다. 그 때, 지갑을 잃어버렸을 겁니다.

② イギリスの人気小説が日本語に翻訳されました。それが今年日本でベストセラーになりました。
　영국의 인기소설이 일본어로 번역되었습니다. 그것이 올해 일본에서 베스트셀러가 되었습니다.

2. …んじゃない？

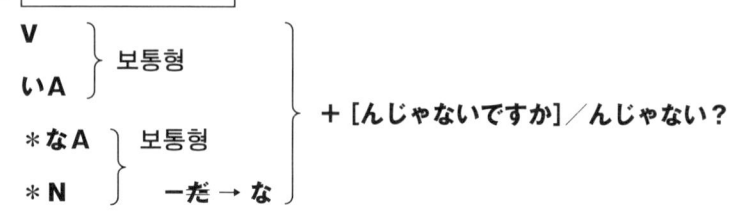

```
V  ┐
いA ┘ 보통형                    ┐
                               ├ ＋［んじゃないですか］／んじゃない？
＊なA ┐ 보통형                  ┘
＊N  ┘  －だ → な
```

「…んじゃないですか」는「…のではありませんか」의 친밀한 표현입니다. 격의 없는 대화에서 말하는 사람의 의견을 서술할 때 사용합니다.

① 元気がないですね。何か困っていることがあるんじゃないですか。
　　기운이 없어 보이네요. 뭔가 고민이라도 있는 게 아니에요?
　　…ええ、実は……。　네, 사실은….

「んじゃないですか」는 친한 사이에서는「んじゃない」로 사용하는 경우가 있습니다. 격식을 차린 대화에서는「のではないでしょうか」가 됩니다.

② タワポンさん、少し太ったんじゃない。
　　타와퐁 씨, 살 좀 찌지 않았어?
　　…わかりますか。　그렇게 보여요?

3. ～たところに／で

V (이동동사) た형 ＋ ところ

「行く (가다)」「渡る (건너다)」「曲がる (돌다, 꺾다)」「出る (나가다)」등 이동을 나타내는 동사를 사용하여「V(た형)ところ」의 형태로 그 이동 후의 지점을 나타냅니다.

① あの信号を左へ曲がったところに、郵便局があります。
　　저 신호등에서 왼쪽으로 돈 지점에 우체국이 있습니다.
② 改札を出て、階段を上ったところで、待っていてください。
　　개찰구를 나와서 계단을 올라간 곳에서 기다리고 계세요.

4. (1) (2) ～（よ）う（의향형）とする／しない

V（よ）う ＋ とする／しない

(1) 「V（よ）う（의향형）とする／しない」는, 'V하기 직전'이라는 것을 나타내며, 따라서「Vする」는 아직 일어나지 않은 일입니다. 이 용법에서는 보통「～とき」「～たら」등과 함께 쓰입니다.

① 家を出ようとしたとき、電話がかかってきた。

　　집을 막 나서려고 했을 때, 전화가 걸려왔다.

② 雨がやんだので、桜を撮ろうとしたら、カメラの電池が切れてしまった。

　　비가 그쳐서 벚꽃을 찍으려 하자 카메라 건전지가 다 되어버렸다.

(2) 또한, 'V하기 위해 노력' 하고 있는 것을 나타내는 경우도 있습니다.

③ 父は健康のためにたばこをやめようとしています。

　　아버지는 건강을 위해 담배를 끊으려고 노력하고 계십니다.

④ あの日のことは、忘れようとしても忘れることができません。

　　그날 일은 잊으려 해도 잊을 수가 없습니다.

(3) 「V(의향형)としない」는 'V하려는 의지가 없다' 는 것을 나타냅니다. 일반적으로 타인에 대해 서술할 때 사용합니다.

⑤ 妻は紅茶が好きで、お茶やコーヒーを飲もうとしない。

　　아내는 홍차를 좋아하기 때문에 녹차나 커피를 안 마시려 한다.

⑥ 人の話を聞こうとしない人は、いつまでたっても自分の考えを変えることができません。

　　남의 말을 들으려고 하지 않는 사람은 시간이 아무리 지나도 자신의 생각을 바꿀 수 없습니다.

5. …のだろうか

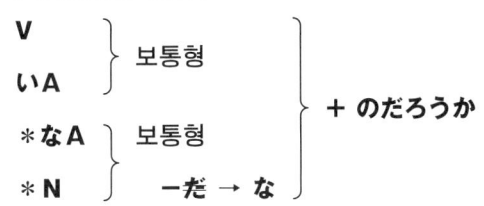

```
V       ┐
いA      │ 보통형
*なA     ├ 보통형          ┐ + のだろうか
*N      ┘  －だ → な      ┘
```

「Xのだろうか」는, X가 옳은지 어떤지 자기 자신에게 되물을 때에 사용합니다. 「どう」「何」「いつ」등의 의문사와 함께 사용하여 자문자답하는 경우도 있습니다.

① この店ではクレジットカードが使えるのだろうか。

　　이 가게에서는 신용카드를 사용할 수 있을까?

② 大学院に入るためには、どうすればいいのだろうか。

　　대학원에 들어가기 위해서는 어떻게 하면 좋을까?

상대방에게 질문하는 경우에도 쓰이지만, 「Xのですか」에 비한다면 「Xのでしょうか」쪽이 대답을 강요하지 않는 부드러운 질문방식이 됩니다.

③ すみません。この店ではクレジットカードが使えるのでしょうか。

실례합니다. 이 가게에서는 신용카드를 사용할 수 있습니까?

의문사가 없는 「Xのだろうか」의 형태는, 'X가 옳지 않다, X라고는 생각하지 않는다'는 것을 말하고 싶은 경우에도 쓰입니다.

④ このクラスでは日本語で話すチャンスがとても少ない。こんな勉強で会話が上手になるのだろうか。

이 반에서는 일본어로 말할 수 있는 기회가 너무 적다. 이렇게 공부해서 회화실력이 늘 수 있을까?

6. ～との／での／からの／までの／への～

N + {격조사 + の} + N

「と、で、から、まで、へ」등의 격조사가 붙은 단어가 명사를 수식하는 경우, 격조사 뒤에 「の」를 붙입니다. 그런데 「に」의 뒤에는 「の」를 붙이지 않습니다. 그 경우에는, 「に」를 「へ」로 바꿔서 「への」로 나타냅니다.

① 友達との北海道旅行は、とても楽しかったです。

친구와의 홋카이도 여행은 매우 즐거웠습니다.

② 日本での研究はいかがでしたか。 일본에서의 연구는 어땠습니까?

③ 国の両親からの手紙を読んで、泣いてしまった。

고국에 계신 부모님으로부터 온 편지를 읽고 울어 버렸다.

④ 先生へのお土産は何がいいでしょうか。

선생님께 드릴 선물은 무엇이 좋을까요?

「が」「を」의 뒤에도 「の」는 붙이지 않습니다.

⑤ 田中さんの欠席を部長に伝えてください。

다나카 씨의 결석을 부장님께 전해 주세요.

⑥ 大学院で医学の研究をするつもりです。

대학원에서 의학 연구를 할 생각입니다.

7. …だろう・…だろうと思う (추측)

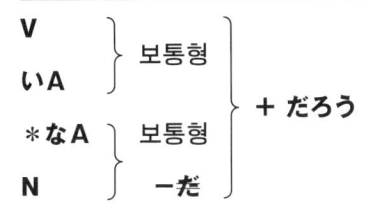

```
V  ┐
いA ┤ 보통형  ┐
           ├ + だろう
＊なA ┐ 보통형 ┤
N   ┘ ーだ  ┘
```

(1) 「…だろう」는, 「…でしょう」의 보통형으로, 보통체의 문장 속에서 쓰입니다. 말하는 사람이 자신의 생각을 단정 짓지 않고 추측하여 말하는 방식입니다.

① アジアの経済はこれからますます発展するだろう。
   아시아의 경제는 앞으로 더욱 발전할 것이다.

② マリアさんの話を聞いて、ご両親もきっとびっくりされただろう。
   마리아 씨의 이야기를 듣고 부모님께서도 분명히 놀라셨을 거야.

(2) 회화에서는, 「と思う」를 붙여서 「…だろうと思う」의 형태로 사용하는 경우가 일반적입니다.

③ 鈴木君はいい教師になるだろうと思います。
   스즈키 군은 좋은 선생님이 되리라고 생각합니다.

④ この実験にはあと2、3週間はかかるだろうと思います。
   이 실험은 앞으로 2, 3주는 걸릴 거라고 생각합니다.

참조 「～でしょう？(확인)」:
7月に京都でお祭りがあるでしょう？   (☞『みんなの日本語初級Ⅰ』제21과)

「～でしょう (추측)」: あしたは雪が降るでしょう。
                                    (☞『みんなの日本語初級Ⅱ』제32과)

話す・聞く

…から、～てください

V (정중형) + から、V てください

이 경우의 「…から」는, 이유를 나타내는 것이 아니라, 뒤에 오는 의뢰나 지시의 전제가 되는 정보를 나타냅니다.

① お金を入れるとボタンに電気がつきますから、それを押してください。
   돈을 넣으면 버튼에 불이 들어오니까 그것을 눌러 주세요.

② 10分ぐらいで戻ってきますから、ここで待っていてくれますか。
   10분 정도 있으면 돌아올 테니까 여기에서 기다려 주세요.

読む・書く

が/の

명사를 설명하는 구절 속 주어의 「が」는 「の」가 되는 경우가 있습니다.

① 留学生 {が/の} かいた絵を見ました。

　　유학생이 그린 그림을 보았습니다.

② 田中さん {が/の} 作ったケーキはとてもおいしかった。

　　다나카 씨가 만든 케이크는 정말 맛있었다.

제 6 과

1. (1) …て… · …って… (인용)

문장 (보통형) + て/って…

대화문에서는 인용을 나타내는 「と」가 「て」「って」가 되는 경우가 있습니다.

① 田中さんは昨日何て言っていましたか。 ←「と」

　　다나카 씨는 어제 뭐라고 말했습니까?

　　…今日は休むって言っていました。 ←「と」

　　오늘은 쉬겠다고 말했습니다.

② 店の前に「本日休業」って書いてありました。 ←「と」

　　가게 앞에 '금일휴업'이라고 쓰여 있었습니다.

「～という名前を持つ人／もの／ところ」(～라는 이름의 사람/사물/장소)의 「という」도 「って」가 됩니다.

③ 昨日、田山って人が来ましたよ。 ←「という」

　　어제, 다야마라는 사람이 왔었어요.

1. (2) ～って… (주제)

문장 (보통형)
N 보통형 －だ } + って…

「Xって」는, 말하는 사람이 잘 모르는 X에 관해 질문할 경우나, 말하는 사람이 X의 성질이나 특징을 서술하는 경우에 사용합니다.

① ねえ、函館って、どんな町? 있잖아, 하코다테라는 데, 어떤 동네야?

② メンタルトレーニングっておもしろい! 멘탈 트레이닝이라는 거, 재미있네!

2. (1) ～つもりはない (부정의 의지)

V 사전형 + つもりはない

(1) 「～つもりはない」는 「～つもりだ」의 부정문으로, '～할 생각이 없다'는 의미입니다.

① 卒業後は就職するつもりです。大学院に行くつもりはありません。

　　졸업 후에는 취직할 생각입니다. 대학원에 갈 생각은 없습니다.

② 仕事が忙しいので、今夜のパーティーに出るつもりはない。
　　일이 바쁘기 때문에 오늘 밤 파티에는 갈 생각이 없다.

「Vつもりはない」는, V가 가리키는 내용을 알고 있다면 「そのつもりはない」로 바꿀 수 있습니다.

③　A：1週間くらい休みを取ったらどうですか。
　　　　1주일 정도 휴식을 취하면 어떻습니까?
　　B：いえ、そのつもりはありません。　아니요, 그럴 생각은 없습니다.

(2) 「~つもりだ」의 부정에는,「~つもりはない」「~ないつもりだ」의 두 종류가 있습니다.「~つもりはない」쪽이 강한 부정으로, 상대방의 발언을 강하게 거부하는 경우 등에 사용합니다.

④　新しいコンピューターが発売されました。いかがですか。
　　신형 컴퓨터가 발매되었습니다. 어떠십니까?
　　…コンピューターは持っているから ｛○買うつもりはない／×買わないつもりだよ。｝
　　컴퓨터는 가지고 있기 때문에 [○살 생각은 없다. ×사지 않을 생각이다.]

2. (2) ~つもりだった (과거의 의지)

V 사전형
*Vない형　-ない ｝ + つもりだった

(1) 「~つもりだった」는,「~つもりだ」의 과거형으로 '~할 생각이었던' 것을 나타냅니다.

①　電話するつもりでしたが、忘れてしまいました。すみません。
　　전화할 생각이었는데, 잊어 버렸습니다. 죄송합니다.

(2) 나중에 마음이 변했다는 것에 대한 설명이 뒤에 이어지는 경우가 많습니다.

②　パーティーには行かないつもりでしたが、おもしろそうなので行くことにしました。
　　파티에는 가지 않을 생각이었지만, 재미있을 것 같아서 가기로 했습니다.

참조　「~つもりだ (의지)」: 国へ帰っても、柔道を続けるつもりです。

(☞ 『みんなの日本語初級Ⅱ』 제31과)

2. (3) ～たつもり・～ているつもり

V た형
V ている
＊いA   ＋ つもり
＊なA　ーな
＊Nの

「X たつもり／X ているつもり」는, 동작을 하는 사람이 X라고 생각하고 있는 것을 나타냅니다. 사실은 X가 아닌 경우도 있고, X인지 아닌지 잘 모르는 경우도 있습니다.

① 外国語を練習するときは、小さな子どもになったつもりで、大きな声を出してみるといい。

　외국어를 연습할 때에는 어린 아이가 되었다는 생각으로 큰 소리를 내 보면 좋다.

② かぎがかかっていませんでしたよ。　문이 안 잠겨 있었어요.
　…すみません、かけたつもりでした。　죄송합니다. 잠갔다고 생각했습니다.

③ わたしは一生懸命やっているつもりです。
　저는 열심히 노력하고 있다고 생각합니다.

④ 若いつもりで無理をしたら、けがをしてしまった。
　젊다는 생각으로 무리를 해서 다치고 말았다.

⑤ 本当の研究発表のつもりで、みんなの前で話してください。
　실제 연구발표라는 생각으로 앞에 나와서 말하세요.

참조　「V 사전형つもりです (동작을 행하는 의지)」:
　　　国へ帰っても、柔道を続けるつもりです。　　　(☞『みんなの日本語初級Ⅱ』 제31과)

3. ～てばかりいる・～ばかり～ている

(1) V て형 ＋ ばかりいる

(2) N ばかり ＋ V타 ている

(1) 항상 같은 동작을 반복적으로 하고 있는 것이나, 몇 번씩이나 하고 있는 것을 나타내며, 그것에 대한 비난이나 불만의 기분이 들어가 있습니다.

① この猫は一日中、寝てばかりいる。　이 고양이는 하루 종일 잠만 자고 있다.
② 弟はいつもコンピューターゲームをしてばかりいる。
　동생은 항상 컴퓨터 게임만 하고 있다.

(2) 타동사의 경우에는 「ばかり」가 대상의 바로 다음에 오는 경우도 있습니다.
  ③ 弟はいつもコンピューターゲームばかりしている。
    동생은 항상 컴퓨터 게임만 하고 있다.

4. …とか…

$$\left.\begin{array}{l}\text{N} \\ \text{문장 (보통형)}\end{array}\right\} + とか$$

(1) 「…とか…とか」는, 비슷한 종류의 예를 몇 가지 나열하는 경우에 사용합니다.
  ① 最近忙しくて、テレビのドラマとか映画とか見る時間がありません。
  ② 健康のためにテニスとか水泳とかを始めてみるといいですよ。

(☞『みんなの日本語初級Ⅱ』제36과)

(2) 「…」에 문장을 넣을 수도 있습니다.
  ③ 子どものとき、母に「勉強しろ」とか「たくさん食べなさい」とかよく言われました。
    어렸을 때, 어머니께 '공부해'라든가 '많이 먹으렴'이라는 소리를 자주 들었습니다.
  ④ 今日のテストは「難しい」とか「問題が多すぎる」とか思った学生が多いようです。
    오늘 시험은 '어려워'라든가 '문제가 너무 많아'라고 생각한 학생이 많은 듯합니다.
  ⑤ やせたいんです。どうしたらいいですか。
    날씬해지고 싶어요. 어떻게 하면 되나요?
    …毎日水泳をするとか、ジョギングをするとかすればいいですよ。
    매일 수영을 한다든지, 조깅을 하면 좋을 거예요.

5. ~てくる (사건의 출현)

V て형 + くる

「~てくる」는 새로운 무엇인가가 나타나서 지금까지 지각할 수 없었던 것을 지각하게 되었다는 것을 나타냅니다.
① 暗くなって、星が見えてきた。 어두워져서 별이 보이기 시작했다.
② 隣の家からいいにおいがしてきた。 옆집에서 구수한 냄새가 난다.

6. ~てくる (가까이 오다)・~ていく (멀어지다)

V て형 + { くる / いく }

이동을 나타내는 동사에 「~てくる」「~ていく」가 붙어서 이동의 방향을 확실하게 합니다. 「~てくる」는 이동의 움직임이 말하는 사람을 향해 일어나는 것을 나타내며, 「~ていく」는 이동의 움직임이 말하는 사람으로부터 다른 장소를 향해 일어나는 것을 나타냅니다.

① 兄が旅行から帰ってきた。　형이 여행에서 돌아왔다.
② 授業のあと、学生たちはうちへ帰っていった。
　　수업이 끝난 후 학생들은 집으로 돌아갔다.

読む・書く

こ~ (문맥지시)

문장 속에서「こ」는 뒤에 나올 내용을 지시하는 경우가 있습니다.

① 新聞にこんなことが書いてあった。最近の日本人は家族みんなで休日にコンピューターゲームを楽しむそうだ。
　　신문에 이런 것이 쓰여 있었다. 최근 일본인은 휴일에 온 가족이 함께 컴퓨터 게임을 즐긴다고 한다.

참조 「あ~・そ~ (문맥지시 (회화))」
　　「そ~ (문맥지시 (문장))」

(☞『みんなの日本語中級Ⅰ』제5과)

제 7 과

1. (1) ~なくてはならない／いけない・~なくてもかまわない

```
Vない형
*いA    ーい → く  }  + { なくてはならない／いけない
*なA           で  }    { なくてもかまわない
*N
```

(1) 「~なくてはならない／いけない」는, 「~」가 의무라는 것, 반드시 필요하다는 것을 나타냅니다. 「~なければならない」와 같은 의미입니다.

① この薬は一日2回飲まなくてはならない。

　　이 약은 하루에 두 번 먹어야 한다.

② レポートは日本語でなくてはなりません。

　　리포트는 반드시 일본어로 작성해야 합니다.

(2) 「~なくてもかまわない」는, 「~」가 필요하지 않다는 것을 나타내며, 「~なくてもいいです」보다 정중한 표현입니다.

③ 熱が下がったら、薬を飲まなくてもかまわない。

　　열이 내리면 약을 먹지 않아도 괜찮다.

④ 作文は長くなくてもかまいません。　작문은 길지 않아도 괜찮습니다.

참조　「~なければならない (행위자의 의지와는 상관없이, 반드시 해야 한다)」:
　　薬を飲まなければなりません。

　　「~なくてもいい (~할 필요가 없음)」: あした来なくてもいいです。

(☞『みんなの日本語初級Ⅰ』제 17 과)

1. (2) ~なくちゃ／~なきゃ [いけない]

〈형태를 만드는 방법〉

Vなくてはいけない → Vなくちゃ [いけない]

Vなければいけない → Vなきゃ [いけない]

　　격의 없는 대화에서는 「なくてはいけない」는 「なくちゃいけない」로, 「なければいけない」는 「なきゃいけない」로 쓰이는 경우가 있습니다. 그리고, 「いけない」는 생략될 때도 있습니다.

2. …だけだ・[ただ] …だけでいい

1) N ＋ だけ

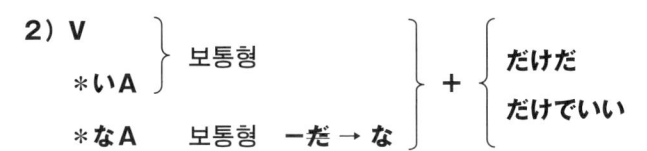

2) V 　　　　　　　　　　　　　　　　　　だけだ
　　＊いA ｝ 보통형　　　　　　　　　＋ ｛
　　＊なA　보통형　ーだ → な　　　　　　だけでいい

(1) 「～だけ」는 명사에 붙어서 한정의 의미를 나타냅니다.

① 外国人の社員は一人だけいます。

② 休みは日曜日だけです。　　　　　　　　（☞『みんなの日本語初級Ⅰ』제11과）

(2) 「…だけ」의 앞에 동사나 형용사가 와서 서술어가 되는 경우가 있습니다.

③ 何をしているの？…ただ、本を読んでいるだけです。

　　뭐하고 있니？　그냥, 책을 읽고 있을 뿐이에요.

④ 病気ですか？…ちょっと気分が悪いだけです。

　　어디 아프세요？　몸 상태가 좀 안 좋은 것 뿐입니다.

(3) 「…するだけでいい」는, 필요한 동작이 「…すること」뿐이라는 뜻으로, 그 외에는 필요하지 않다는 것을 나타냅니다.

⑤ 申し込みはどうするんですか？…この紙に名前を書くだけでいいんです。

　　신청은 어떻게 하죠？　이 종이에 이름을 쓰기만 하면 됩니다.

3. …かな（종조사）

V　　　　｝
いA　　｝ 보통형
＊なA ｝ 보통형　＋ かな
＊N　 ｝ ーだ

(1) 「…かな」는 상대방에게 대답을 강요하지 않는 의문 표현으로, 이 때 「…」에는 보통형이 옵니다.

① A：お父さんの誕生日のプレゼントは何がいいかな。

　　　아버지 생신 선물로 뭐가 좋을까？

　B：セーターはどうかな。　스웨터는 어떨까？

(2) 권유나 의뢰로 「…ないかな」를 사용하면 단정적으로 말하지 않고 표현을 부드럽게 하는 효과가 있습니다.

② A：明日みんなで桜を見に行くんですが、先生もいっしょにいらっしゃらないかなと思いまして。

내일 다 같이 벚꽃을 보러 가는데요, 선생님도 같이 가시면 어떠실까 싶어서요.

　　B：桜ですか。いいですね。　벚꽃이요? 좋지요.

③　A：3時までにこの資料を全部コピーしなければならないんだけど、手伝ってくれないかな。

3시 까지 이 자료를 전부 복사해야 하는데, 도와줄 수 없을까?

　　B：いいよ。　좋아.

4. (1) ～なんか…

N ＋ なんか

「～なんか」는, 「～」을 중요하지 않다고 경시하는 기분을 나타내는 표현입니다. 「など」와 같은 의미이지만, 「～なんか」는 구어체 표현입니다.

①　わたしの絵なんかみんなに見せないでください。絵が下手なんです。

제 그림 따위는 모두에게 보여 주지 마세요. 그림을 잘 못 그려요.

4. (2) …なんて…

```
V
いA    보통형
なA          ＋ なんて
*N
```

(1) 「XなんてY」는, X는 중요하지 않다고 경시하는 기분을 나타내는 표현입니다. 「など」와 같은 의미이지만, 「Xなんて」는 구어체 표현입니다.

①　わたしの絵なんてみんなに見せないでください。絵が下手なんです。

제 그림 따위는 모두에게 보여 주지 마세요. 그림을 잘 못 그려요.

(2) 그리고 「Xなんて」는, X에 관해서 부정적인 평가를 나타내거나 놀라는 기분을 서술하는 경우에도 사용할 수 있는 구어체 표현입니다.

②　昨日、大江さんという人から電話があったよ。

어제 오에 씨라는 분에게서 전화가 왔었어.

　　…大江なんて（人）知りませんよ、わたし。

전 오에라는 사람은 모르는데요.

③ 先生が3年も前に事故にあって亡くなったなんて、知りませんでした。

　　선생님이 3년이나 전에 사고로 돌아가셨다니, 몰랐습니다.

④ 試験に一度で合格できたなんて、びっくりしました。

　　단번에 시험에 합격했다니, 놀랐습니다.

⑤ ミラーさんがあんなに歌がうまいなんて、知りませんでした。

　　밀러 씨가 저렇게 노래를 잘 부르신다니, 몰랐습니다.

③, ④, ⑤와 같이 동사와 형용사의 뒤에는 「なんて」를 사용하며, 「なんか」는 사용할 수 없습니다.

5. (1) ～(さ)せる (감정 사역)

〈형태를 만드는 방법〉

V자 (감정동사) ＋ (さ)せる

사역표현 「～(さ)せる」는, 다른 사람에게 어떠한 행위를 시키는 경우 이외에, 감정을 불러 일으킬 때에도 사용합니다. 이 경우, 동사는 감정을 나타내는 자동사 (「泣く (울다)」「びっくりする (놀라다)」「楽しむ (즐기다)」「驚く (놀라다)」등)가 오며, 사역을 받는 사람은 「を」를 붙여 나타냅니다.

① 殴って、弟を泣かせたことがある。

　　동생을 때려서 울린 적이 있다.

② テストで100点を取って、母をびっくりさせた。

　　시험에서 100점을 맞아 어머니를 놀라게 했다.

참조 「～(さ)せる (사역)」: 部長は加藤さんを大阪へ出張させます。

(☞『みんなの日本語初級Ⅱ』제48과)

5. (2) ～(さ)せられる・～される (감정 사역의 수동)

〈형태를 만드는 방법〉

V자 ＋ (さ)せられる／される

또한, 감정사역은 수동의 형태로 만드는 것도 가능합니다.

① 何度買っても宝くじが当たらず、がっかりさせられた。

　　몇 번을 사도 복권이 맞지 않아 실망했다.

② 子どもが書いた作文はすばらしく、感心させられた。

　　아이가 쓴 작문이 훌륭해서 감동했다.

이 경우는 놀라움, 슬픔, 낙담, 감탄의 감정이 강하게 야기되었다는 것을 나타냅니다.

참조 「~（さ）せる（사역）」：部長は加藤さんを大阪へ出張させます。
(☞『みんなの日本語初級Ⅱ』제 48 과)

「~（ら）れる（수동）」：わたしは先生に褒められました。
(☞『みんなの日本語初級Ⅱ』제 37 과)

「~（さ）せられる（사역 수동）」：太郎君は先生に掃除をさせられました。
(☞『みんなの日本語中級Ⅰ』제 4 과)

6. …なら、…

$$\left.\begin{array}{l} V \\ *いA \end{array}\right\} 보통형$$
$$\left.\begin{array}{l} なA \\ N \end{array}\right\} \begin{array}{l} 보통형 \\ -だ \end{array}$$
+ なら

「X なら Y」는, 듣는 사람이 X의 상태이거나 X를 하려고 하는 경우, Y를 권유하거나 묻는 경우에 사용합니다. X에는 명사가 오는 경우도 있고, 동사, 형용사가 오는 경우도 있습니다.

「なら」는 보통형에 붙습니다. 단, な형용사, 명사로 끝나는 경우에는 「な형용사 / 명사＋なら」가 됩니다.

① パソコンを買いたいんですが。

　…パソコンならパワー電気のがいいですよ。
(☞『みんなの日本語初級Ⅱ』제 35 과)

② ワインを買うなら、あの酒屋に安くておいしいものがあるよ。

　와인을 사려면 저 가게에 싸고 맛있는 것이 있어.

③ 日曜大工でいすを作るなら、まず材料に良い木を選ばなくてはいけません。

　일요 목수＊로 의자를 만들고자 한다면 우선 좋은 나무를 재료로 골라야 합니다.

　(＊日曜大工란 샐러리맨이 주말에 집에서 DIY를 하는 것을 말합니다)

④ 頭が痛いなら、この薬を飲むといいですよ。

　머리가 아프면 이 약을 먹으면 좋아요.

⑤ 大学院への進学のことを相談するなら、どの先生がいいかな。

　대학원 진학을 상담하려면 어느 선생님이 좋을까?

読む・書く

～てくれ

(1) 「Ｖてくれ」는, 지시나 의뢰의 발언을 그대로 표현하지 않고 간접적으로 표현할 때에 사용합니다. 지시나 의뢰의 직접적인 표현은 「～てください」가 됩니다.

① 田中さんはお母さんに「7時に起こしてください」と言いました。

다나카 씨는 어머니께 "7시에 깨워 주세요"라고 말했습니다.

→ 田中さんはお母さんに何と言いましたか。

다나카 씨는 어머니께 뭐라고 말했습니까?

…7時に起こしてくれと言いました。

7시에 깨워 달라고 말했습니다.

(2) Ｖてくれ 는 손아래 사람에게 의뢰할 때의 표현이며, 주로 남성이 사용합니다.

② 部長：田中君、この資料をコピーして来てくれ。

부장：다나카 군, 이 자료를 복사해 주게.

제 8 과

1. (1) (2) ~あいだ、… ・ ~あいだに、…

V ている
N の } + { あいだ / あいだに

(1) 「X あいだ、Y」는 X와 Y, 양쪽 모두 일정 기간 계속되는 상태로, X가 계속되고 있는 동안 동시에 Y도 계속되고 있는 것을 나타냅니다.

① 電車に乗っているあいだ、本を読んでいた。

　전철에 타고 있는 동안 책을 읽고 있었다.

② 夏休みのあいだ、ずっと国に帰っていた。

　여름 방학 동안 줄곧 고향에 가 있었다.

(2) 「X あいだに、Y」는, X가 계속되고 있는 동안 Y가 발생하는 것을 나타냅니다.

③ 食事に出かけているあいだに、部屋に泥棒が入った。

　식사를 하기 위해 외출한 사이에 방에 도둑이 들었다.

④ 旅行のあいだに、アパートに泥棒が入った。

　여행을 간 사이에 아파트에 도둑이 들었다.

참조 「あいだ (위치)」: 郵便局は銀行と本屋のあいだ (間) にあります。

(☞『みんなの日本語初級Ⅰ』제10과)

2. (1) (2) ~まで、… ・ ~までに、…

N
V 사전형 } + { まで / までに

(1) 「X まで Y」에서 X는 Y의 최종적인 기한을 나타내며, Y는 계속되는 동작이나 상태를 나타냅니다.

① 3時までここにいます。

② 毎日9時から5時まで働きます。　　　　(☞『みんなの日本語初級Ⅰ』제4과)

X가 시간이 아닌, 어떤 사항이 발생하는 상황일 경우도 있습니다.

③ 先生が来るまで、ここで待っていましょう。

　선생님이 오실 때까지 여기에서 기다립시다.

(2) 「XまでにY」는, X는 기한이지만, Y는 계속되는 동작이나 상태가 아닌, 일회성 동작입니다. X에 앞서 Y가 발생하는 것을 나타냅니다.
④ 3時までに帰ります。　　　　　　　　　　(☞『みんなの日本語初級Ⅰ』제17과)
⑤ 先生が来るまでに、掃除を終わらせた。
　　선생님이 오실 때 까지 청소를 끝냈다.

3. ～た～ （명사 수식）
V た형 ＋ N

(1) 동작이나 변화가 종료된, 결과의 상태를 나타내는 'ている형'이 명사를 수식하는 경우, 'た형'도 사용할 수 있습니다.
① 田中さんは眼鏡をかけています。→ 眼鏡をかけた田中さん
　　다나카 씨는 안경을 쓰고 있습니다. → 안경을 쓴 다나카 씨
② 線が曲がっている。→ 曲がった線
　　선이 비뚤어져 있다. → 비뚤어진 선

(2) 동작이 진행중인 상태를 나타내는 'ている형'이 명사를 수식하는 경우에는 'た형'으로 바꾸면 다른 의미가 됩니다.
③ 山下さんは本を読んでいます。　≠　本を読んだ山下さん
　　야마시타 씨는 책을 읽고 있습니다.　　책을 읽은 야마시타 씨
④ 東京電気で働いている友達　≠　東京電気で働いた友達
　　도쿄전기에서 근무하고 있는 친구　　도쿄전기에서 근무한 친구

참조　「ている (결과의 상태를 나타냄)」: 窓が割れています。
　　　　　　　　　　　　　　　　　　　　　　　　　(☞『みんなの日本語初級Ⅱ』제29과)

4. ～によって…
N ＋ によって

「XによってY」는, X의 종류에 따라 Y에 다양한 변화가 생기는 것을 나타냅니다. Y에는「違う (다르다)」「変わる (바뀌다)」「さまざまだ (다양하다)」등의 서술어가 오는 경우가 많습니다.
① 好きな食べ物は人によって違う。　좋아하는 음식은 사람에 따라 다르다.
② 季節によって景色が変わる。　계절에 따라 경치가 변한다.

5. ～たまま、… · ～のまま、…

$$\left.\begin{array}{l}\text{V た형}\\\text{N の}\end{array}\right\} + \text{まま}$$

「VたままY／NのままY」는, '동작 V를 한 후의 상태에서 Y를 행함', 또는 'N의 상태에서 Y를 행하는 것'을 나타냅니다. 보통은 X의 상태에서 Y는 행하지 않는 경우에 사용합니다.

① 眼鏡をかけたまま、おふろに入った。 안경을 쓴 채로 욕조에 들어갔다.
② 昨夜の地震にはびっくりして、下着のまま、外に出た。
　어제 밤 지진에 깜짝 놀라서 속옷만 입은 채 밖으로 나갔다.

6. …からだ (원인, 이유)

(1) 문장 (보통형) ＋ からだ

(2) 문장 (보통형) ＋ のは、문장 (보통형) ＋ からだ

(1) 어떠한 사건의 원인이나 이유를 나타내는 표현입니다. 누군가 이유를 물어봤을 때의 답변으로 쓰이며, 「から」는 보통형에 붙습니다.

① どうして医者になりたいんですか。 왜 의사가 되고 싶은 겁니까?
　…医者は人を助けるすばらしい仕事だからです。
　　　　의사는 남을 돕는 훌륭한 직업이니까요.

(2) 먼저 결과를 서술한 다음에 원인을 서술하는 경우에는 「…(보통형)＋のは、…(보통형)＋からだ」의 형태가 됩니다.

② 急にドアが開いたのは、だれかがボタンを押したからだ。
　　갑자기 문이 열린 것은 누군가가 버튼을 눌렀기 때문이다.

마찬가지로 이유를 나타내는 「…ので」에는 이러한 용법이 없어서 「…のでだ／…のでです」라는 표현은 사용할 수 없습니다.

참조 「…から (이유 : 두 개의 문장을 연결하여 하나의 문장으로 만듦)」:
　　時間がありませんから、新聞を読みません。　　　　(☞『みんなの日本語初級Ⅰ』제9과)

| 話す・聞く |

髪／目／形 (머리 / 눈 / 모양) をしている

사람이나 사물의 외견의 특징을 서술하는 표현입니다.

① リンリンちゃんは長い髪をしています。　링링 양은 긴 머리를 하고 있습니다.
② この人形は大きい目をしています。　이 인형은 커다란 눈을 하고 있습니다.
③ このパンは帽子みたいな形をしている。　이 빵은 모자 같은 모양을 하고 있다.

제 9 과

1. お～ますです

　　동사의 「～している」의 존경어 형태입니다. 현재 진행 중인 동작이나, 동작이 완료되어 결과가 남아 있는 상태의 존경어로서 쓰입니다.

① 何をお読みですか。　무엇을 읽고 계십니까?
　= 何を読んでいますか。　무엇을 읽고 있습니까?

② いい時計をお持ちですね。　좋은 시계를 가지고 계시네요.
　= いい時計を持っていますね。　좋은 시계를 가지고 있네요.

상태동사의 경우에는 현재 상태의 존경어로서 사용됩니다.

③ 時間がおありですか。　시간이 있으십니까?
　= 時間がありますか。　시간이 있습니까?

　그리고, 이동을 나타내는 동사의 경우에는 상황에 따라, 미래, 과거 동작의 존경어로서 쓰이는 경우도 있습니다 (시제표현이 달라지는 경우가 있습니다).

④ 部長は何時にお着きですか。
　부장님은 몇 시에 도착하십니까? (현재형으로 표현)
　= 部長は何時に着きますか。　부장님은 몇 시에 도착합니까? (미래의 의미)

⑤ (夕方、隣の家の人に会って) 今、お帰りですか。
　(저녁때 이웃사람을 만나서) 지금 돌아오시는 길이세요? (현재형으로 표현)
　= 今、帰りましたか。　지금 돌아오셨어요? (과거완료의 의미)

또한, 다음 동사의 경우에는 특수한 형태가 됩니다.

⑥ 行く・いる・来る　(가다 / 있다 / 오다) → おいでです
　来る　(오다) → お越しです・お見えです
　食べる　(먹다) → お召し上がりです
　着る　(입다) → お召しです
　寝る　(자다) → お休みです
　住んでいる　(살다) → お住まいです
　知っている　(알다) → ご存じです

2. ～てもかまわない

```
V て형
いA  －い → くて
*なA         ＋で        ＋もかまわない
N
```

허가나 허용을 나타내는 것으로, 의문문에서는 허가를 구하는 표현이 됩니다. 「～てもいい」와 같지만, 「～てもいい」보다 딱딱한 표현입니다.

① ここに座ってもかまいませんか。　여기에 앉아도 괜찮습니까?
② 間に合わなかったら、あしたでもかまいません。
　　제 때 못 맞출 것 같으면 내일이라도 괜찮습니다.

참조　「～てもいい (허가)」：写真を撮ってもいいです。

(☞『みんなの日本語初級Ⅰ』 제15과)

3. …ほど～ない・…ほどではない (비교)

```
(1) N         ほど   いA  －い → く ＋ ない
    V 보통형          なA  －だ → ではない

(2) *N        ほどではない
    V 보통형
```

(1)「AはBほどXではない」는 A나 B 모두 X이지만, 비교하자면 A 쪽이 B 보다 X하지 않다는 뜻을 나타냅니다.

① 中国は日本より広いが、ロシアほど広くはない。
　　중국은 일본보다 넓지만, 러시아만큼 넓지는 않다.
② 八ヶ岳は有名な山だが、富士山ほど有名ではない。
　　야츠가타케는 유명한 산이지만, 후지산 만큼 유명하지는 않다.
③ 田中先生は厳しいですか。　다나카 선생님은 엄하십니까?
　　…ええ、でも、鈴木先生ほど厳しくないですよ。
　　네, 하지만, 스즈키 선생님 만큼 엄하시지는 않아요.

B에 「思った／考えていた (생각한／생각하고 있었던)」 등, 「V (보통형)」이 오는 경우가 있습니다.

④ このレストランは人気があるそうだが、料理は思ったほどおいしくなかった。
　　이 레스토랑은 인기가 있다고 하지만, 요리는 생각만큼 맛있지 않았다.

(2) X가 생략되는 경우도 있습니다.
⑤ 10月に入って少し寒くなったが、まだコートを着るほどではない。
10월 들어 약간 추워졌지만, 아직 코트를 입을 정도는 아니다.

4. ～ほど～はない／いない (비교)

N ほど { いA / なA －な } N ＋ はない／いない

「XほどYはない／いない」는, 'X가 가장 Y'하다는 의미입니다.

① スポーツのあとに飲むビールほどおいしいものはない。
운동 후에 마시는 맥주만큼 맛있는 것은 없다.

② 田中さんほど仕事がよくできる人はいません。
다나카 씨만큼 일을 잘 하는 사람은 없습니다.

③ この島で見る星ほど美しいものはありません。
이 섬에서 보는 별만큼 아름다운 것은 없습니다.

④ 田中先生ほど親切で熱心な先生はいない。
다나카 선생님만큼 친절하고 열심인 선생님은 없다.

⑤ アジアで『ドラえもん』ほどよく知られている漫画はありません。
아시아에서 『도라에몽』만큼 잘 알려진 만화는 없습니다.

5. …ため[に]、…・…ためだ (원인, 이유)

문장 (보통형)
いA
なA －な ＋ { ため[に] / ためだ }
Nの

「Xために、Y」는, X가 원인이나 이유가 되어 Y가 일어났다는 것을 나타내는 문장체 표현으로, 「から・ので」에 비해 딱딱한 문장에서 사용됩니다. 결과인 Y를 먼저 기술하고 원인, 이유인 X를 나중에 기술하는 경우에는 「Y(の)はXためだ」가 됩니다.

① 大雪が降ったために、空港が使えなくなりました。
폭설이 내렸기 때문에 공항을 이용할 수 없게 되었습니다.

② 空港が使えなくなったのは、大雪が降ったためです。
공항을 이용할 수 없었던 것은 폭설이 내렸기 때문입니다.

6. ～たら／～ば、…た (반대 사실의 가정)

Ｖたら／＊Ｖば、…た
いＡ　ーい → かったら／ければ、
＊なＡ　　＋だったら／なら、　｝…た

　실제로는 일어나지 않았던 사실에 관해, 만약 그것이 일어났을 경우에는 어떠했을까를 가정해서 서술하는 표현입니다. 문장 끝에는 추측을 나타내는 표현이나 「のに」가 옵니다.

① もし昨日雨が降っていたら、買い物には出かけなかっただろう。
　　만약 어제 비가 내렸다면, 쇼핑하러 나가지 않았을 텐데.

② お金があれば、このパソコンが買えたのに。
　　돈이 있다면 이 컴퓨터를 살 수 있었을 텐데.

③ この間見たパソコン、買ったんですか。
　　저번에 본 컴퓨터 샀어요?
　　…いいえ、もう少し安ければ、買ったんですが……。
　　아니요, 좀 더 쌌더라면 샀을 텐데….

참조　「～たら (가정)」: お金があったら、旅行します。
　　　「～たら (미래에 일어나는 것이 확실한 것)」:
　　　10時になったら、出かけましょう。　　　（☞『みんなの日本語初級Ⅰ』제25과）
　　　「～ば (조건)」: ボタンを押せば、窓が開きます。
　　　　　　　　　　　　　　　　　　　　　　　（☞『みんなの日本語初級Ⅱ』제35과）

제 10 과

1. (1) …はずだ

```
V
*いA    } 보통형
*なA    보통형                    } + はずだ
        －だ → な
N       보통형
        －だ → の
```

「…はずだ」는 계산, 지식, 논리에 근거하여 말하는 사람이 강하게 확신하고 있음을 나타냅니다.

① 飛行機で東京まで1時間だ。2時に大阪を出発すれば3時には着くはずだ。
비행기로 도쿄까지 1시간이다. 2시에 오사카를 출발하면 3시에는 도착할 것이다.

② 薬を飲んだから、もう熱は下がるはずだ。
약을 먹었으니 머지않아 열은 내릴 것이다.

③ 子どもが8人もいたから、生活は楽ではなかったはずだ。
아이가 8명 씩이나 있었기 때문에 생활이 쉬웠을 리가 없다.

「はず」는「はずなのに」「はずの」「そのはず」와 같이, 명사처럼 사용합니다.

④ 山田さんは来ますか。　야마다 씨는 오십니까?
　…はい、そのはずです。　네, 꼭 오실 겁니다.

참조 「…はずだ」:
ミラーさんは今日来るでしょうか。
…来るはずですよ。昨日電話がありましたから。

(☞『みんなの日本語初級Ⅱ』제46과)

1. (2) …はずが／はない

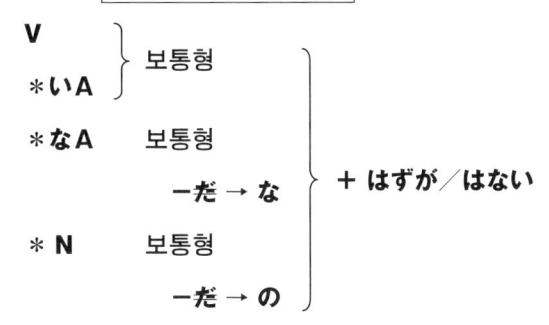

```
V
*いA  } 보통형
*なA    보통형
        －だ → な    } ＋ はずが／はない
*N     보통형
        －だ → の
```

「はずがない／はずはない」는, 「はずだ」의 부정문으로, '～리 없다', '～일 가능성은 없다'는 의미입니다. 근거가 있는 강한 부정입니다.

① あんなに練習したんだから、今日の試合は負けるはずがない。

그렇게 연습을 했으니 오늘 시합은 질 리가 없다.

② 人気がある映画なのだから、おもしろくないはずはありません。

인기가 많은 영화이기 때문에 재미없을 리가 없습니다.

③ 階段の前に1週間前から赤い自転車が置いてある。ワットさんも赤い自転車を持っているが、今修理に出してある。だからこの自転車はワットさんの自転車のはずがない。

계단 앞에 1주일 전부터 빨간 자전거가 세워져 있다. 와트 씨도 빨간 자전거를 가지고 있지만, 지금은 수리를 맡겨놓은 상태다. 그러므로 이 자전거는 와트 씨의 자전거일 리가 없다.

또한, 상대방의 발언을 '그것은 사실이 아니다'라는 기분으로 강하게 부정하는 경우에는, 「そんなはずはない」를 사용합니다.

④ かぎがかかっていなかったよ。 문이 안 잠겨 있었어요.

　…そんなはずはありません。 그럴 리가 없습니다.

1. (3) …はずだった

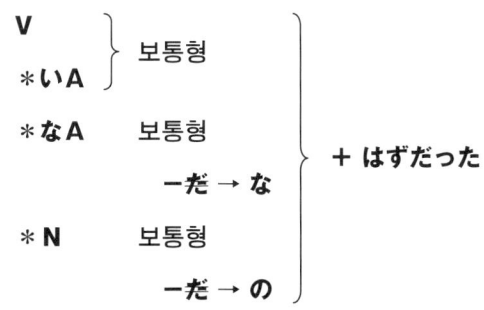

```
V
*いA  } 보통형
*なA    보통형
        －だ → な    } ＋ はずだった
*N     보통형
        －だ → の
```

「…はずだった」는, 「…はずだ」의 과거형으로, 당연히 그렇게 되리라고 생각했던 것을 나타냅니다. 생각했던 것과 다른 결과가 된 경우에 주로 사용합니다.

① 旅行に行くはずだった。しかし、病気で行けなくなった。

　여행에 갈 예정이었다. 하지만 병으로 갈 수 없게 되었다.

② パーティーには出ないはずだったが、部長が都合が悪くなったので、わたしが出席することになった。

　파티에는 가지 않을 예정이었지만, 부장님이 사정이 안 좋아졌기 때문에 내가 출석하게 되었다.

참조　「…はずだ」:

　ミラーさんは今日来るでしょうか。

　…来るはずですよ。昨日電話がありましたから。

(☞ 『みんなの日本語初級Ⅱ』 제46과)

2. …ことが／もある

V 사전형
V ない형 －ない
いA
*なA －な
*N の
｝＋ ことが／もある

(1) 「ことがある・こともある」는, '때때로 X가 일어난다, X 상태가 된다' 는 의미입니다.

① 8月はいい天気が続くが、ときどき大雨が降ること {が／も} ある。

　8월은 좋은 날씨가 계속되지만, 때때로 큰 비가 내리는 경우 [가 / 도] 있다.

② 母の料理はいつもおいしいが、ときどきおいしくないこと {が／も} ある。

　어머니의 요리는 언제나 맛있지만, 때때로 맛이 없을 때 [가 / 도] 있다.

③ このスーパーはほとんど休みがないが、たまに休みのこと {が／も} ある。

　이 슈퍼마켓은 거의 휴일이 없지만, 때때로 휴일인 경우 [가 / 도] 있다.

(2) 「ことがある」「こともある」는 대부분의 경우 같은 뜻으로 사용됩니다.

④ このエレベーターは古いから、たまに止まること {が／も} ある。

　이 엘리베이터는 낡아서 가끔 멈추는 경우 [가 / 도] 있다.

⑤ 彼女の電話はいつも長いが、たまには短いこと {が／も} ある。

　그녀의 전화 통화는 항상 길지만, 가끔은 짧을 때 [가 / 도] 있다.

⑥ うちの子どもたちはとても元気だが、1年に何度か熱を出すこと {が／も} ある。
   우리 집 아이들은 아주 건강하지만, 1년에 몇 번인가 열이 나는 경우[가/도] 있다.

   참조 「Vた形 +ことがある（경험）」：
   わたしはパリに行ったことがあります。   （☞『みんなの日本語初級Ⅰ』제19과）

3. ～た結果、… ・ ～の結果、…

Vた形
Nの   } ＋ 結果（결과）、…

어느 동작「～」를 해서「…」가 도출되었다는 것을 나타냅니다. 주로 문장체에서 사용하지만, 텔레비전이나 라디오 뉴스에서도 자주 쓰입니다.

① {調査した／調査の} 結果、この町の人口が減ってきていることがわかりました。
   [조사한/조사] 결과, 이 마을의 인구가 줄어들고 있는 것으로 드러났습니다.

② 両親と {話し合った／の話し合いの} 結果、アメリカに留学することに決めました。
   부모님과 [대화한/의 대화] 결과, 미국에 유학을 가기로 정했습니다.

4. (1) ～出す（복합동사）

「Vます形＋出す」는, 'V하는 것을 시작하다'는 의미입니다.

   예) 泣き出す (울기 시작하다), (雨が) 降り出す ((비가) 내리기 시작하다), 動き出す (움직이기 시작하다), 歩き出す (걷기 시작하다), 読み出す (읽기 시작하다), 歌い出す (노래를 부르기 시작하다), 話し出す (말하기 시작하다)

① 急に雨が降り出した。 갑자기 비가 내리기 시작했다.

「V出す」는, 권유나 의뢰에는 사용할 수 없습니다.

② 先生がいらっしゃったら、{○食べ始めましょう／×食べ出しましょう}。(권유)
   선생님이 오시면 먹기 시작합시다.

③ 本を {○読み始めてください／×読み出してください}。(의뢰)
   책 읽기를 시작해 주세요.

4. (2) 〜始める・〜終わる・〜続ける（복합동사）

V가 시작하는 것, 끝나는 것, 계속하는 것을 의미합니다.

① 雨は3時間くらい続きましたが、電話がかかってきたのは、{○雨が降り始めた／×雨が降った} ときでした。

비는 3시간 정도 계속되었지만, 전화가 걸려온 것은 비가 내리기 시작했을 때였습니다.

② 宿題の作文を {○書き終わる／×書く} 前に、友達が遊びに来た。

숙제인 작문을 끝내기 전에 친구가 놀러 왔다.

③ 5分間走り続けてください。　5분간 계속 달리세요.

4. (3) 〜忘れる・〜合う・〜換える（복합동사）

(1) 「Vます형 + 忘れる」는 'V하는 것을 잊다'는 의미입니다.
　① 今日の料理は塩を入れ忘れたので、おいしくない。

　　오늘 요리는 소금을 넣는 것을 잊었기 때문에 맛이 없다.

(2) 「Vます형 + 合う」는 '여러 사람이나 물건이 서로 V하다'는 의미입니다.
　② 困ったときこそ助け合うことが大切だ。

　　곤란할 때야말로 서로 돕는 것이 중요하다.

(3) 「Vます형 + 換える」는 'V해서 바꾸다', '바꿔서 V하다'는 의미입니다.
　③ 部屋の空気を入れ換えた。　방 공기를 환기시켰다.
　④ 電車からバスに乗り換えた。　전철에서 버스로 갈아탔다.

読む・書く

…ということになる

「…ということになる」는, 몇 가지 정보를 모아서 「…」라는 결과가 도출된다는 것을 나타냅니다.

① 申し込む学生が10人以上にならなければ、この旅行は中止ということになる。

　신청하는 학생이 10명 이상이 되지 않는다면, 이 여행은 중지가 된다.

② 今夜カレーを食べれば、3日続けてカレーを食べたということになる。

　오늘 밤 카레를 먹는다면, 3일 연속 카레를 먹는 셈이 된다.

제 11 과

1. ～てくる・～ていく (변화)

(1) 「～てくる」는 계속 변화하면서 현재에 이른 것을 나타냅니다.

① だんだん春らしくなってきました。 점점 봄다워졌습니다.

(2) 「～ていく」는 지금의 시점에서부터 변화가 생기는 방향으로 향해 가는 것을 나타냅니다.

② これからは、日本で働く外国人が増えていくでしょう。

앞으로는 일본에서 일하는 외국인이 늘어나겠지요.

참조 「～てくる・～ていく (이동의 방향)」：兄が旅行から帰ってきた。

(☞『みんなの日本語中級Ⅰ』제 6 과)

2. ～たら [どう] ?

V たら

(1) 「～すること」가 좋겠다고 생각하여 상대방에게 제안하는 경우에 사용합니다. 상대방이 취할 수 있는 선택의 종류를 간단하게 나타냅니다. 「～たらいかがですか」는, 「～たらどう？」의 정중한 표현입니다.

① A：今日は恋人の誕生日なんだ。 오늘은 애인 생일이야.

B：電話でもかけて |あげたらどう／あげたらいかがですか| ?

전화라도 걸어 [주는 게 어때？ / 주시는 게 어떠십니까?]

(2) 「～たら [どう] ?」는 손아래 사람이나 가족, 친구 등 친한 사람에게 사용합니다.

② A：少し熱があるみたい…。 열이 좀 있는 것 같아.

B：薬を飲んで、今日は早く寝たら？

약 먹고, 오늘은 일찍 자는 게 어때？

3. …より…ほうが… (비교)

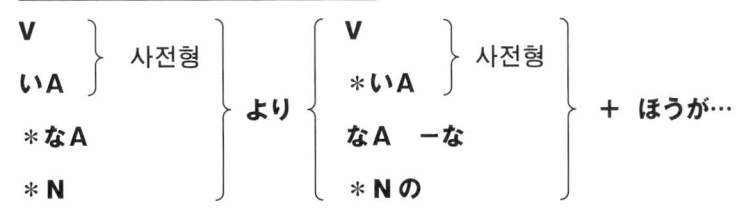

$\left. \begin{array}{l} V \\ いA \\ *なA \\ *N \end{array} \right\}$ 사전형 $\Bigg\}$ より $\left\{ \begin{array}{l} V \\ *いA \\ なA \quad -な \\ *N の \end{array} \right.$ 사전형 $\Bigg\}$ + ほうが…

(1) 「YよりXほうが…」는 주로 「XとYとではどちらが…ですか」에 대한 대답으로 사용됩니다.
① 北海道と東京とではどちらが寒いですか。

　홋카이도와 도쿄 중에 어디가 춥습니까?
　…○ 北海道のほうが寒いです。　홋카이도 쪽이 춥습니다.
　　× 北海道は東京より寒いです。　홋카이도는 도쿄보다 춥습니다.

(2) 응답으로 쓰이는 것이 아닌 경우에도 「YよりXほうが…」를 사용할 수 있습니다. 이 경우에는 '「YはXより…」라고 생각할 지도 모르지만, 사실은 다르다.' 는 것을 강조하는 느낌이 됩니다.
② 今日は、北海道より東京のほうが気温が低かったです。

　오늘은 홋카이도보다 도쿄 쪽이 기온이 낮았습니다.
③ 漢字は見て覚えるより書いて覚えるほうが忘れにくいと思います。

　한자는 보면서 외우는 것 보다, 쓰면서 외우는 쪽이 잘 안 잊어 버린다고 생각합니다.
④ パーティーの料理は少ないより多いほうがいいです。

　파티의 요리는 적은 것 보다 많은 쪽이 좋습니다.
⑤ 子どもに食べさせる野菜は、値段が安いより安全なほうがいい。

　아이에게 먹이는 채소는 가격이 싼 것 보다 안전한 쪽이 좋다.

참조 「～は～より (비교)」: この車はあの車より大きいです。

「～がいちばん～ (형용사가 표현하는 내용의 최고 / 최대치)」:
日本料理 [の中] で何がいちばんおいしいですか。

…てんぷらがいちばんおいしいです。　　　(☞『みんなの日本語初級Ⅰ』제 12 과)

4. ～らしい

Nらしい

「N₁ らしい N₂」는, N₂가 N₁의 전형적인 성질을 가지고 있음을 나타냅니다.
① 山本さんの家はいかにも日本の家らしい家です。

　야마모토 씨의 집은 정말로 일본 집다운 집입니다.
② 春らしい色のバッグですね。 봄에 어울리는 색깔의 가방이네요.
③ これから試験を受ける会社へ行くときは学生らしい服を着て行ったほうがいいですよ。

　앞으로 시험을 보러 회사에 갈 때에는 학생다운 옷을 입고 가는 편이 좋아요.

「Nらしい」는 술어가 되는 경우도 있습니다.

④ 今日の田中さんの服は学生らしいね。

　오늘 다나카 씨의 옷은 학생답네요.

⑤ 文句を言うのはあなたらしくない。　불평을 하는 것은 당신답지 않다.

5. …らしい (전문, 추측)

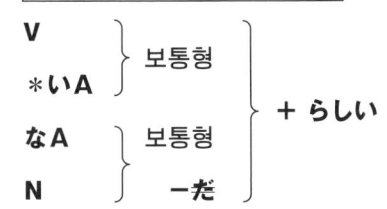

$$\left.\begin{array}{l}V \\ *いA\end{array}\right\} 보통형 \\ \left.\begin{array}{l}なA \\ N\end{array}\right\} \begin{array}{l}보통형 \\ -だ\end{array}\right\} + らしい$$

(1) 「…らしい」는, 「…」가 들었거나 읽은 정보(전문)임을 나타냅니다.

① 新聞によると、昨日の朝 中国で大きい地震があったらしい。

　신문에 의하면, 어제 아침 중국에서 큰 지진이 있었다고 한다.

② 雑誌で見たんだけど、あの店のケーキはおいしいらしいよ。

　잡지에서 읽었는데, 저 가게 케이크가 맛있대요.

③ 先生の話では、試験の説明は全部英語らしい。

　선생님의 말씀으로는 시험 설명은 전부 영어라고 한다.

(2) 「…らしい」는 들었거나 본 정보를 기초로, 아마 그럴 것이라고 생각하는 것 (추측) 을 나타내기도 합니다.

④ パーティーが始まったらしい。会場の中からにぎやかな声が聞こえてくる。

　파티가 시작된 것 같다. 파티장 안에서 떠들썩한 소리가 들려온다.

⑤ 山田さんはずいぶんのどがかわいていたらしい。コップのビールを休まずに全部飲んでしまったよ。

　야마다 씨는 목이 꽤 말랐던 것 같아. 잔에 든 맥주를 쉬지 않고 전부 마셔 버렸어.

참조 「Nらしい (비유, 예시)」: 春らしい色のバッグですね。

6. ~として

N として

「~として」는, 「~」라는 자격・입장・관점이라는 것을 나타냅니다.

① 会社の代表として、お客さんに新しい商品の説明をした。

　　회사의 대표로서 고객에게 신상품 설명을 했다.

② 東京は、日本の首都として世界中に知られている。

　　도쿄는 일본의 수도로서 세계에 알려져 있다.

7. (1) ~ず [に] … (수반된 상황, 수단)

V ない형 + ず [に] … (단, 「~する」→「~せず」)

「~ず [に] …」는 수반된 상황이나 수단을 나타내는 「~ないで…」의 문장체 표현입니다.

① その男は先週の土曜日にこの店に来て、一言も話さず、酒を飲んでいた。

　　그 남자는 지난 주 토요일에 이 가게에 와서 한 마디도 하지 않고 술을 마시고 있었다.

② 急いでいたので、かぎを｜かけずに／かけないで｜出かけてしまった。(수반된 상황)

　　급했기 때문에 문을 [잠그지 않고] 나가고 말았다.

③ 辞書を｜使わずに／使わないで｜新聞が読めるようになりたい。(수단)

　　사전을 [쓰지 않고] 신문을 읽을 수 있게 되고 싶다.

7. (2) ~ず、… (원인, 이유, 병렬)

V ない형 + ず、… (단, 「~する」→「~せず」)

(1) 「~ず、…」는, 원인, 이유를 나타내는 「~なくて、…」의 문장체 표현입니다.

① 子どもの熱が｜下がらず／下がらなくて｜、心配しました。

　　아이의 열이 내리지 않아서 걱정했습니다.

(2) 「Xず、Y」는 'X하지 않다. 그리고 Y하다' 라는 병렬의 의미로도 사용할 수 있습니다.

② 田中さんは今月出張せず、来月出張することになりました。

　　다나카 씨는 이번 달에 출장 가지 않고 다음 달에 출장 가기로 되었습니다.

참조　「~なくて (원인과 결과)」: 家族に会えなくて、寂しいです。

(☞『みんなの日本語初級Ⅱ』제39과)

8. ～ている (경험, 경력)

(1) 「～ている」는 역사적인 사실, 경험, 경력이 있다는 것을 나타냅니다.
「～回 (회 / 번)」「長い間 (오랫동안)」등, 횟수나 기간을 나타내는 부사와 함께 쓰이는 경우가 많습니다.

① この寺は今まで2回火事で焼けている。
이 절은 지금까지 두 번, 화재로 불탔다.

② 京都では長い間大きな地震が起こっていない。もうすぐ地震が来るかもしれない。
교토에서는 오랫동안 큰 지진이 나지 않았다. 조만간 지진이 날지도 모른다.

(2) 이러한 「～ている」는, 과거에 있었던 어떤 움직임이, 주체의 현재 상태와 일정한 연관성을 가지고 있는 경우에 사용됩니다.

③ 田中さんは高校のときアメリカに留学している。だから、英語の発音がきれいだ。
다나카 씨는 고등학생 시절에 미국에 유학을 갔었다. 그래서 영어 발음이 좋다.

참조　「～ている (계속)」: ミラーさんは今電話をかけています。
(☞ 『みんなの日本語初級Ⅰ』 제14과)

「～ている (결과의 상태)」: サントスさんは結婚しています。
(☞ 『みんなの日本語初級Ⅰ』 제15과)

「～ている (습관)」: 毎朝ジョギングをしています。
(☞ 『みんなの日本語初級Ⅱ』 제28과)

「～ている (결과의 상태)」: 窓が割れています。　(☞ 『みんなの日本語初級Ⅱ』 제29과)

話す・聞く

～なんかどう？

「～なんか」는 듣는 사람에게 적당한 예를 제시하는 경우에 사용합니다. 그 밖에도 무엇인가 있다는 느낌을 주어, 자신의 아이디어를 듣는 사람에게 억지로 주입시킨다는 느낌을 피할 수 있습니다.

① ［店で］これなんかいかがでしょうか。　［가게에서］ 이런 것은 어떻습니까？
② A：次の会長はだれがいいかな。

　　　　다음 회장은 누가 좋을까？

　　 B：田中さんなんかいいと思うよ。　다나카 씨 같은 사람이 좋다고 생각해.

「～などどうですか」는 약간 딱딱한 느낌의 표현입니다.

제 12 과

1. …もの／もんだから

```
V      ┐
いA    ├ 보통형  ┐
*なA   ┘ 보통형  ├ ＋もの／もんだから
*N     ─だ → な  ┘
```

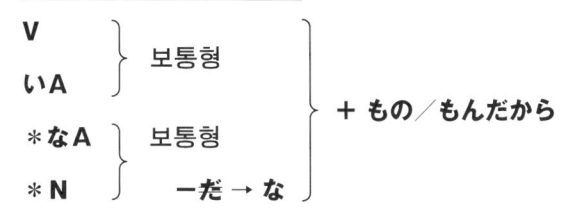

「…もの／もんだから」는 원인, 이유를 나타냅니다.

① 急いでいたものですから、かぎをかけるのを忘れてしまいました。

　서둘렀기 때문에 문을 잠그는 것을 잊어 버렸습니다.

② とても安かったものだから、買いすぎたんです。

　값이 너무 싸서 지나치게 많이 샀어요.

「Xものだから Y」는 바람직하지 않은 Y가 일어났을 때에 변명을 한다든지, 그것이 자신의 책임이 아님을 설명하기 위해 이유를 제시할 때에 쓰이는 경우가 있습니다.

③ A: どうしてこんなに遅くなったんですか。 왜 이렇게 늦었어요?

　B: すみません。出かけようとしたら、電話がかかってきたものですから。

　　죄송합니다. 막 나가려고 하는데 전화가 걸려와서요.

「…ものだから」는 「から」「ので」와 같이 객관적인 원인이나 이유를 나타내는 곳에 사용하는 것은 적절치 않습니다.

④ この飛行機は 1 時間に 300 キロ飛ぶ ｜○から／○ので／×ものだから｜、3 時間あれば向こうの空港に着く。

　이 비행기는 1시간에 300 킬로미터를 날기 때문에 3시간이면 그 쪽 공항에 도착한다.

참조　「…から (이유)」:
　　どうして朝、新聞を読みませんか。…時間がありませんから。

(☞『みんなの日本語初級Ⅰ』제 9 과)

2. (1) 〜 (ら) れる (간접 수동 (자동사))

일본어의 수동문에는 타동사 「Xが(は) YをVする」의 목적어인 Y가 주어가 되는 직접적인 수동문 이외에도, 「Xが(は) YにVする」의 Y를 주어로 하는 수동문도 있으며, 또한 타동사「XがYのZをVする」의 목적어 Y의 소유자 Z를 주어로 하는 수동문도 있습니다.

① 先生はわたしを注意した。(を → が (は))
 → わたしは先生に注意された。
② 部長はわたしに仕事を頼んだ。(に → が (は))
 → わたしは部長に仕事を頼まれた。
③ 泥棒がわたしの財布を盗んだ。(の→が (は))
 → わたしは泥棒に財布を盗まれた。 (①~③☞『みんなの日本語初級Ⅱ』제37 과)

일본어에서는 자동사「Xが(は)Vする」를 수동형으로 만들 수 있습니다. 이 경우, X의 동작에 의해 영향을 받는 사람이 주어가 되며, 나쁜 영향 (민폐나 피해)을 받은 것을 나타냅니다.

④ 昨日雨が降った。(자동사) 어제 비가 내렸다.
 → わたしは昨日雨に降られて、ぬれてしまった。(자동사의 수동)
  나는 어제 비를 맞아서, 젖고 말았다.
⑤ あなたがそこに立つと、前が見えません。(자동사)
 → あなたにそこに立たれると、前が見えません。(자동사의 수동)
  당신이 그곳에 서 있어서 앞이 안 보입니다.

자동사의 주어의 소유자가 주어가 되는 경우도 있습니다.
⑥ わたしの父が急に死んで、わたしは大学に行けなかった。(자동사)
  아버지가 갑자기 돌아가셔서, 나는 대학에 갈 수 없었다.
 → わたしは父に急に死なれて、大学に行けなかった。(자동사의 수동)
  나는 아버지의 갑작스런 죽음 때문에 대학에 갈 수 없었다.

2. (2) ～(ら)れる (간접 수동 (타동사))

민폐나 피해를 입은 것을 나타내는 수동은 타동사에도 사용할 수 있습니다.

① こんなところに信号を作られて、車が渋滞するようになってしまった。

이런 곳에 신호등을 만들어서 되려 차가 막히게 되었다 (교통 체증이 심해졌다).

② わたしの家の前にゴミを捨てられて困っています。

저희 집 앞에 쓰레기를 버려서 난감합니다.

참조 「～(さ)せられる／される(사역 수동)」: 太郎君は先生に掃除をさせられた。

(☞『みんなの日本語中級Ⅰ』제 4 과)

3. ～たり～たり

Vたり

いA → ーいかったり

*なA → ーだったり

*N → ーだったり

(1) 「～たり～たり」는, 몇 개의 동작 중에서 적당한 예를 두 개 정도로 나타내는 표현입니다.

① 休みの日は、洗濯をしたり、掃除をしたりします。(동작의 열거)

(☞『みんなの日本語初級Ⅰ』제 19 과)

(2) 「V₁たりV₂たり」는, V₁과 V₂에 반대의 의미를 갖는 동사를 사용하여 V₁과 V₂가 번갈아 일어나는 것을 나타낼 수도 있습니다.

② 映画を見ているとき笑ったり泣いたりしました。

영화를 볼 때 웃고 울었습니다.

③ この廊下は人が通ると、電気がついたり消えたりします。

이 복도는 사람이 지나가면, 전기가 들어오고 꺼지고 합니다.

종류를 여러 가지로 생각할 수 있는 경우, 형용사에도 적용할 수 있습니다.

④ この店の食べ物は種類が多くて、甘かったり辛かったりします。

이 가게의 음식은 종류가 많아서, 달거나 맵거나 합니다.

4. ～っぱなし

Vます형 + っぱなし

「～っぱなし」는, '～한 상태가 길게 계속되어 좋지 않다'는 의미입니다.「～」에는 동사의 'ます형'이 들어갑니다.

① 服が脱ぎっぱなしだ。片づけないから、部屋が汚い。

옷이 벗어 놓은 채로 있다. 정리를 하지 않아서 방이 지저분하다.

② こらっ。ドアが開けっぱなしだよ。早く閉めなさい。

이놈! 문이 열려진 채잖아! 빨리 닫아라.

参照 「～たまま、…・～のまま、…」:
眼鏡をかけたまま、おふろに入った。

(☞『みんなの日本語中級Ⅰ』第8課)

5. (1) …おかげで、…・…おかげだ

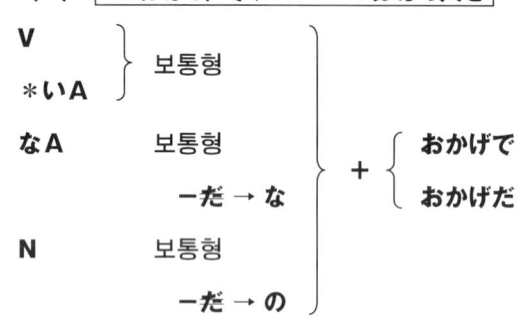

V			
*いA	보통형		
なA	보통형 ーだ → な	+	おかげで おかげだ
N	보통형 ーだ → の		

「X おかげで、Y・X おかげだ」는, X라는 원인으로 좋은 결과인 Y가 생겼을 때에 사용합니다.

① 先生が手紙を書いてくださったおかげで、大きい病院で研修を受けられることになった。

선생님께서 편지를 써 주신 덕분에 큰 병원에서 연수를 받을 수 있게 되었다.

② 値段が安かったおかげで、たくさん買えました。

값이 싼 덕택에 많이 샀습니다.

③ 地図の説明が丁寧なおかげで、待ち合わせの場所がすぐにわかりました。

지도의 설명이 자세했던 덕분에 약속 장소를 바로 알 수 있었습니다.

④ 皆様のおかげで、スピーチ大会で優勝することができました。

여러분 덕분에 변론 대회에서 우승할 수 있었습니다.

5．(2) …せいで、…・…せいだ

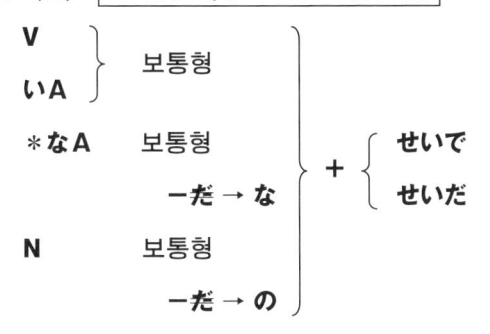

```
V  ⎫
いA ⎬ 보통형
   ⎭
*なA  보통형           ⎫   ⎧ せいで
      －だ → な        ⎬ + ⎨
                     ⎭   ⎩ せいだ
N   보통형
    －だ → の
```

반대로, X라는 원인으로 나쁜 결과가 생겼을 때에는 「…せいで・…せいだ」를 사용합니다.

① 事故のせいで、授業に遅れてしまった。

　　사고 때문에 수업에 늦어 버렸다.

② {風邪薬を飲んでいる/風邪薬の} せいで、眠くなった。

　　[감기약을 먹은 / 감기약] 탓으로 졸음이 왔다.

話す・聞く

…みたいです（추측）

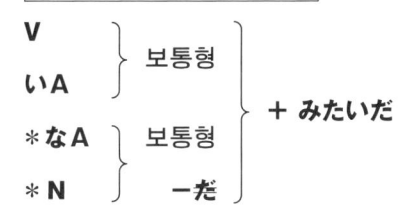

```
V  ⎫
いA ⎬ 보통형   ⎫
            ⎬ + みたいだ
*なA 보통형    ⎭
*N   －だ
```

「…みたいです」는, 대략적인 상황에서의 판단임을 나타냅니다.

① 電気が消えているね。隣の部屋は留守みたいだね。

　　불이 꺼져 있네. 옆 방은 외출했나 보군.

② 田中さんはお酒を飲んだみたいです。顔が赤いです。

　　다나카 씨는 술을 마신 듯합니다. 얼굴이 빨갛습니다.

「…みたいです」는 「…ようだ」와 같은 뜻이지만, 문장체나 격식을 차린 대화체에서는 「…ようだ」를 사용합니다.

③ 資料が届いたようですので、事務室に取りに行ってまいります。

　　자료가 도착한 듯 하니 사무실에 받으러 다녀오겠습니다.

참조 「…ようだ (상황에서의 판단)」:

　　　隣の部屋にだれかいるようです。

(☞『みんなの日本語初級Ⅱ』제47과)

読む・書く

どちらかと言えば、～ほうだ

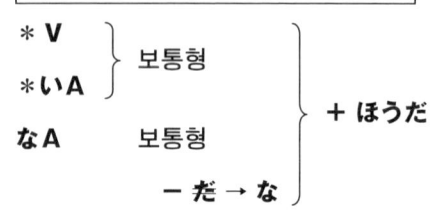

```
* V  ┐
* いA ├ 보통형  ┐
なA  보통형    ├ + ほうだ
     - だ → な ┘
```

「どちらかと言えば、Xほうだ」는, '엄밀히 말하면 완전히 X는 아니' 지만, 「X か X ないか」를 확실히 하지 않고 대략적으로 말한다면 X가 되는 것을 나타냅니다.

① この辺りには高い店が多いのですが、この店はどちらかと言えば、安いほうです。
   이 근처에는 비싼 가게가 많이 있지만, 이 가게는 어느 쪽이냐 하면, 싼 편입니다.

② わたしはどちらかと言えば、好き嫌いはあまりないほうだ。
   나는 어느 쪽인가 하면, 좋고 싫은 것이 그다지 없는 편이다.

③ この町はわたしの国ではどちらかと言えば、にぎやかなほうです。
   우리나라에서 이 마을은 어느 쪽인가 하면, 번화한 편입니다.

④ 食事しながらお酒を飲みますか。식사를 하면서 술을 마십니까?
   …そうですね。いつもではありませんが、どちらかと言えば、飲むほうですね。
   네, 항상 그런 것은 아니지만, 어느 쪽인가 하면, 마시는 편입니다.

～ます/ませんように

(1) 「～ますように/～ませんように」는, '～하기를 / ～하지 않기를 바라다・희망하다・기원하다' 는 의미입니다. 혼잣말이나 다른 사람에 대한 주의환기로 「どうか」「どうぞ」와 함께 사용될 때가 많습니다.

① 優しい人と結婚できますように。
   착한 사람과 결혼할 수 있기를.

② どうか大きい地震が起きませんように。
   제발 큰 지진이 일어나지 않기를.

③ 先生もどうぞ風邪をひかれませんように。
   선생님도 부디 감기에 걸리지 않으시기를.

학습항목

과	話す・聞く (말하기, 듣기)	読む・書く (읽기, 쓰기)
제1과 목표	**お願いがあるんですが** (부탁이 있는데요) 부탁하기 힘든 것을 정중하게 부탁한다. 감사의 마음을 나타낸다.	**畳** (다다미) 사물의 역사와 장점에 관하여 어디에 쓰여 있는지 찾아가며 읽는다.
문법항목	1．～てもらえませんか・～ていただけませんか・～てもらえないでしょうか・～ていただけないでしょうか	2．～のようだ・～のような～・～のように… 3．～ことは／が／を 4．～を～と言う 5．～という～ 6．いつ／どこ／何／だれ／どんなに～ても
보충항목	＊～じゃなくて、～	＊…のだ・…のではない ＊何人も、何回も、何枚も…
제2과 목표	**何のことですか** (무슨 말입니까?) 모르는 단어의 의미를 묻고, 어떻게 하면 좋을지 확인한다.	**外来語** (외래어) 예시와 의견을 알아본다.
문법항목	1．(1) ～たら、～た 　　(2) ～たら、～た 2．～というのは～のことだ・～というのは…ということだ	5．～みたいだ・～みたいな～・～みたいに…

	3. …という〜 4. …ように言う／注意する／伝える／頼む	
보충항목	＊〜ところ	
제 3 과 목표	遅れそうなんです (늦을 것 같아요) 사정을 설명하고 정중하게 사과한다. 정중하게 변경을 부탁한다.	時間よ、止まれ！ (시간아 멈춰라!) 그래프에서 문장의 내용을 상상한다.
문법항목	1. 〜(さ)せてもらえませんか・〜(さ)せていただけませんか・〜(さ)せてもらえないでしょうか・〜(さ)せていただけないでしょうか 2. (1) …ことにする 　　(2) …ことにしている 3. (1) …ことになる 　　(2) …ことになっている	4. 〜てほしい・〜ないでほしい 5. (1) 〜そうな〜・〜そうに… 　　(2) 〜なさそう 　　(3) 〜そうもない
보충항목	＊〜たあと、…	
제 4 과 목표	伝言、お願いできますか (전언을 부탁해도 되나요?) 전언을 부탁하기, 받기. 음성사서함에 전언을 남긴다.	電話嫌い (전화가 싫어) 감정의 변화를 생각하며 읽는다.

문법항목	1. …ということだ 2. …の・…の？ 3. ～ちゃう・～とく・～てる	4. ～（さ）せられる・～される 5. ～である 6. ～ます、～ます、…・～く も、～くも、… [중지형] 7. (1) ～（た）がる 　 (2) ～（た）がっている 8. …こと・…ということ
보충항목	＊～の～ ＊～ましたら、…・～まして、…	

제5과	**どう行ったらいいでしょうか** (어떻게 가면 좋을까요？)	**地図** (지도)
목표	가는 법을 묻고, 가르쳐 준다. 길을 묻고, 가르쳐 준다.	이유를 생각하며 읽는다.
문법항목	1. (1) あ～・そ～ 　 (2) そ～ 2. …んじゃない？ 3. ～たところに／で	4. (1) ～（よ）う [의향형] 　　 とする 　 (2) ～（よ）う [의향형] 　　 とする／しない 5. …のだろうか 6. ～との／での／からの／までの／への～ 7. …だろう・…だろうと思う
보충항목	＊…から、～てください	＊が／の

제 6 과	行かせていただきたいんですが (가고 싶습니다만)	メンタルトレーニング (멘탈 트레이닝)
목표	허가를 받고 싶다고 말한다. 교섭해서 허가를 받는다.	「こそあど」가 무엇을 가리키는지를 생각하며 읽는다.
문법항목	1．(1) …て…・…って… 　　(2) 〜って…	2．(1) 〜つもりはない 　　(2) 〜つもりだった 　　(3) 〜たつもり・〜ているつもり 3．〜てばかりいる・〜ばかり〜ている 4．…とか… 5．〜てくる 6．〜てくる・〜ていく
보충항목		＊こ〜
제 7 과	楽しみにしてます・遠慮させてください (기대하고 있겠습니다・사양하겠습니다)	まんじゅう、怖い (만쥬, 무섭다)
목표	기쁘게 권유를 받아들인다. 이유를 말하며 정중하게 거절한다.	누가 말했는지 확인하면서 읽는다.
문법항목	1．(1) 〜なくてはならない／いけない・〜なくてもかまわない 　　(2) 〜なくちゃ／〜なきゃ［いけない］ 2．…だけだ・［ただ］…だけでいい 3．…かな	4．(1) 〜なんか… 　　(2) …なんて… 5．(1) 〜（さ）せる 　　(2) 〜（さ）せられる・〜される 6．…なら、…

보충항목		*～てくれ
제8과 목표	**迷子になっちゃったんです** (길을 잃어 버렸어요) 사람이나 사물의 모양을 자세하게 설명한다.	**科学者ってどう見える？** (과학자란 어떻게 보이나?) 제목에 대한 응답은 무엇인지 생각한다. 앞뒤 문장이 어떠한 관계인가 생각하면서 읽는다.
문법항목	1. (1) ～あいだ、… 　　(2) ～あいだに、… 2. (1) ～まで、… 　　(2) ～までに、… 3. ～た～	4. ～によって… 5. ～たまま、…・～のまま、… 6. …からだ
보충항목	＊髪／目／形 をしている	
제9과 목표	**どこが違うんですか** (어디가 다른 거죠?) 사고 싶은 물건에 관하여 희망이나 조건을 말한다. 차이를 비교하며, 사고 싶은 물건을 고른다.	**カラオケ** (노래방, 가라오케) 사실을 정확하게 읽고 이해한다. 필자의 의견을 읽고 이해한다.
문법항목	1. お～ます です 2. ～てもかまわない 3. …ほど～ない・…ほどではない	4. ～ほど～はない／いない 5. …ため［に］、…・…ためだ 6. ～たら／～ば、…た

제10과	**そんなはずはありません** (그럴 리가 없어요)	**記憶型と注意型** (기억형과 주의형)
목표	오해받은 것에 대해 냉정하게 대응한다.	차이를 찾아가며 읽는다. 결론을 읽고 이해한다.
문법항목	1. (1) …はずだ 　(2) …はずが／はない 　(3) …はずだった	2. …ことが／もある 3. ～た結果、…・～の結果、… 4. (1) ～出す 　(2) ～始める・～終わる・～続ける 　(3) ～忘れる・～合う・～換える
보충항목		＊…ということになる
제11과	**お勧めのところ、ありませんか** (추천할 만한 곳은 없습니까？)	**白川郷の黄金伝説** (시라카와고의 황금전설)
목표	제안한다. 제안을 받아들인다.	사진을 보고 내용을 상상한다. 황금전설이 생겨난 이유를 읽고 이해한다.
문법항목	1. ～てくる・～ていく 2. ～たら［どう］？ 3. …より…ほうが… 4. ～らしい	5. …らしい 6. ～として 7. (1) ～ず［に］… 　(2) ～ず、… 8. …ている
보충항목	＊～なんかどう？	

제 12 과	ご迷惑をかけてすみませんでした (폐를 끼쳐 죄송했습니다)	【座談会】 日本で暮らす ([좌담회] 일본에서 생활하기)
목표	불평을 듣고 사과한다. 사정을 설명한다.	의견의 차이를 비교하면서 읽는다.
문법항목	1. …もの/もんだから 2. (1) ～(ら)れる 　　(2) ～(ら)れる	3. ～たり～たり 4. ～っぱなし 5. (1) …おかげで、…・…おかげだ 　　(2) …せいで、…・…せいだ
보충항목	*…みたいです	*どちらかと言えば、～ほうだ *～ます/ませんように

文法担当 문법 담당
　庵功雄（이오리 이사오）　　高梨信乃（다카나시 시노）　　中西久実子（나카니시 구미코）
　前田直子（마에다 나오코）

執筆協力 집필 협력
　亀山稔史（가메야마 도시후미）　　澤田幸子（사와다 사치코）　　新内康子（신우치 고우코）
　関正昭（세키 마사아키）　　　　　田中よね（다나카 요네）　　　鶴尾能子（쓰루오 요시코）
　藤嵜政子（후지사키 마사코）　　　牧野昭子（마키노 아키코）　　茂木真理（모테기 마리）

編集協力 편집협력
　石沢弘子（이시자와 히로코）

韓国語翻訳 한국어 번역
　安容柱（안용주）　　林翰駿（임한준）

韓国語校閲 한국어 교열
　入佐信宏（이리사 노부히로）

イラスト 일러스트
　佐藤夏枝（사토 나츠에）

本文レイアウト 본문 레이아웃
　山田武（야마다 다케시）

編集担当 편집담당
　井上隆朗（이노우에 다카오）

みんなの日本語　中級Ⅰ
翻訳・文法解説　韓国語版

2009年 9月10日　初版第1刷発行
2020年11月26日　第 3 刷 発行

編著者　スリーエーネットワーク
発行者　藤嵜政子
発　行　株式会社　スリーエーネットワーク
　　　　〒102-0083 東京都千代田区麹町3丁目4番
　　　　　　　　　　　トラスティ麹町ビル2F
　　　　電話　営業　03（5275）2722
　　　　　　　編集　03（5275）2725
　　　　https://www.3anet.co.jp/
印　刷　倉敷印刷株式会社

ISBN978-4-88319-499-5　C0081
落丁・乱丁本はお取替えいたします。
本書の全部または一部を無断で複写複製（コピー）することは著作権法上での例外を除き、禁じられています。
「みんなの日本語」は株式会社スリーエーネットワークの登録商標です。